アルフレッド・アドラー
人生に革命が起きる100の言葉

接受不完美的勇气

[日] 小仓广 ◎ 著　杨明绮 ◎ 译

CNS PUBLISHING & MEDIA 中南出版传媒
湖南文艺出版社 HUNAN LITERATURE AND ART PUBLISHING HOUSE
博集天卷 CS-BOOKY

我从头到尾读了三遍阿德勒的书。

周二早上，我从椅子上站了起来，

感觉世界变得不一样了……

因为阿德勒告诉我：

“世界单纯到令人难以置信。”

——精神科医师莉迪娅·西歇尔（Lydia Sicher）

前言

『自我启发之父』阿德勒为何默默无名？

再也没有像出生于奥地利维也纳郊外的阿尔弗雷德·阿德勒（Alfred Adler，1870–1937）这般，为现代心理学留下莫大的贡献，却默默无闻的伟大人物。

我们就算不熟悉心理学，也听过西格蒙得·弗洛伊德（Sigmund Freud，1856–1939）、卡尔·古斯塔夫·荣格（Carl Gustav Jung，1875–1961）的名字，但大多数人不晓得和这两位并称三巨头的阿德勒。

阿德勒被称为“自我启发之父”，只要读过商业管理经典名著——戴尔·卡耐基的《人性的弱点》《人性的优点》，以及史蒂芬·柯维的《高效能人士的七个习惯》，会发现书里有不少见解与阿德勒的个体心理学（Individual Psychology）非常相近。此外，以人际沟通术广为人知的教练技巧（Coaching）和神经语言程序学（NLP），也很大程度上受到阿德勒心理学的影响。

此外，经营管理大师大前研一刊载于《钻石周刊》（2008

年11月8日号）上名为《实用心理学》的专栏中，曾探讨阿德勒的理论比弗洛伊德更积极，并留下这段评论：

“其实我也是典型的阿德勒学派，要说我有多么阿德勒学派，那就是我不认为人生中有什么‘我办不到的事’。”

阿德勒心理学也被称为“人性心理学的源流”，深受阿德勒影响的心理学家不知凡几，代表性人物有马斯洛（Abraham Harold Maslow）、弗兰克尔（Viktor Emil Frankl）、罗杰斯（Carl Ransom Rogers）、阿尔伯特·艾利斯（Albert Ellis）、阿伦·贝克（Aaron T.Beck）、艾瑞克·伯恩（Eric Berne）、艾里希·弗洛姆（Erich Fromm）、威廉·格拉瑟（William Glasser）等人。

虽然阿德勒的理论带给后世深远的影响，身为源流的阿德勒却鲜为人知。曾在加拿大任医学院心理学教授的艾伦伯格（Henri Ellenberger）的著作《弗洛伊德与荣格：发现无意识之浪漫主义》一书中提到：

“阿德勒的成就遭众人抹杀，他所催生出来的东西全都成了其他学者的成就，这是一种无法解释的现象。”

“像阿德勒这样，自己研究出来的理论被全方位剽窃，却没有人向他道歉的例子还真是少有。套用一句法文用语来形容十分贴切，他的学说犹如‘公家采石场’（une carrière publique），意思是谁都可以面不可改色地从他的学说中攫取什么。而且奇特的是，就连向来会仔细列出引用出处的专家学者，也不想说明自己的论述引用自阿德勒心理学（个体心理学）。”

阿德勒自己对于自创的理论被别人引用一事，似乎宽容看待，不太在乎的样子。

他曾说：

“也许会有没人想起我的名字之时，即使有阿德勒学派存在，我的名字也可能被忘记，但就算这样也无所谓，因为在心理学领域工作的所有人，都会像是和我一起学习般，进而付诸行动吧。”

阿德勒为何名气比不上成就的理由，还有各种解释。

· 由于阿德勒留下来的论文和著作不多，而且阿德勒在他的理论被体系化之前便去世。

· 有别于弗洛伊德，阿德勒并无自成强势的学派。

· 由于纳粹迫害犹太人的缘故，许多阿德勒学派的追随者惨遭屠杀。

因此，能借由此书介绍名气不大却留下伟大成就，堪称“跨越时代，世纪先驱”的阿德勒的心理学，个人深感荣幸。

本书不同于一般学术书以及心理学入门书，是用比较浅显易懂的词汇和表达，“超译”阿德勒与他的门生与徒子徒孙说过的话语。哪怕只是多一位读者也好，希望抗拒心理学与学术书的人也能轻松阅读本书。

本书的遣词用句极为简单明快，或许会给人一种“理所当然”的感觉，但“理所当然”才是事实，才是答案。

据闻有这么一段逸事。

有位听众听完阿德勒的演讲之后，说道：

“今天演讲的内容不都是些大家早就知道的事（常识）吗？”

阿德勒回道：

“所以说，常识有什么不好呢？”

小仓广

2015年2月

目录
Contents

It is less important what one has than what one does with what one has.

重要的不是天生拥有什么，

而是如何活用拥有的东西。

一切取决于自己

关于『自我决定性』的阿德勒名言

1

人生没那么困难，
是你让人生变得复杂了。
其实，人生非常单纯。

其实“人生一点也不辛苦，不痛苦”，是你故意“把自己的人生搞得非常辛苦、痛苦”。

阿德勒举了这样的例子。“有两种方法可以通过高度仅为五英尺（约1.5米）的门，一种是挺直身子走过去，另一种是弯身走过去。若采用第一种方法，势必会撞到门顶。”

也就是说，觉得“人生很辛苦、很痛苦”的人，就像挺直身子穿过门，结果就是撞到头。若能稍微弯身走过去，就能免受皮肉之痛。但大多数人都会怪罪“门太低”，而不是反省其实是没有弯身的自己不好。

那么，什么样的生活方式迫使人生满是辛苦与痛苦？什么样的生活方式能让人生变得单纯？答案实在无法用一段话来表达。恐怕要阅读这本书，才能慢慢了解。

现阶段能传达的是，当下的人生不是取决于“命运”和“过去”的创伤，而是自己的思考方式。正因为如此，只要下定决心，人生就可以变得很单纯。

所以，别再做挺直身子穿过门的事了，也别再“把人生搞得很复杂”就好。

2

人是描绘自我人生的画家，
只有你能创造自己，
只有你能决定今后的人生。

“命运”这一字眼，似乎给人一种自己无论怎样努力也改变不了的感觉。其实，不能改变的是“宿命”。

“命运”的“运”字有“搬运”“移动”的意思，意即“命运”是可以靠自己“移动”的东西，也是一直以来靠自己“移动出来的结果”。

我们一路走来的人生受到许多因素的影响，难道不是吗？比如，遗传、教养环境、成长地区、职场状况等。然而，远远超过这些的决定性因素是我们自己下过几百次、几千次的决心，而且是不受任何人的强迫，是我们依自己的心意下的决心。

选择进入现在这家公司的是自己，决定继续待在这家公司的也是自己；选择现在的另一半的是自己，决定承袭父母价值观的也是自己……如果不喜欢的话，我们随时有拒绝接受的权利，也有辞职的权利，以及向父母的价值观说“不”的权利，这些都是我们拥有的权利。

只有自己能打造一路走来的人生，也只有自己能创造今后的人生。这么一想，就会觉得人生有多么美好。“没有做不到的事，因为人无所不能”，这是阿德勒最强而有力的一句话。

3

只有自己能决定如何对抗病魔，
是要怨天尤人地活着，
还是怀着感恩的心，
充实地度过余生。

虽说“人无所不能”“命运可以靠自己改变”，或许你会想，人还是有办不到的事吧？

“我的家人明明没做什么坏事，却无辜卷入交通事故，身受重伤，还能说命运能靠自己改变吗？”

“家人是癌末病人，这也是自己打造的过去吗？还是自己可以决定的未来呢？”

我想一定有很多人这么想吧。

的确，发生意外和疾病都是自我无法控制的事情。但就算无法改变发生意外或生病的事实，我们还是能选择要以什么样的心情面对、看待这件事。

透过粉红色镜片看世界，世界就成了粉红色；透过蓝色镜片看世界，世界就成了蓝色。有个耳熟能详的例子，看着倒入半杯水的杯子，有人想：“怎么只有半杯水！”也有人想：“太好了！有半杯水！”接受现实，从中找到积极的意义，这是谁都能做到的事。心智健全的人，能从众人觉得痛苦的事情中找出值得学习和感恩的事，这是阿德勒教导我们的正确的人生态度。

4

遗传和成长环境只是单纯的『材料』，只有你能决定如何使用材料，来打造真正舒适的家。

阿德勒并非百分之百反对遗传和原生家庭对个人造成的影响，当然遗传有其一定的影响。

想想你的父母如何养育你？是十分溺爱，还是放任不管呢？这些肯定都会影响你的人格养成。

但这些影响有限，不是百分之百起决定作用的。你并不会因为母亲的斥责就变得消极退缩，要是变得消极，也是自己的选择。除了消极的态度外，还有其他选项可以选择，不是吗？譬如，和母亲争论一番后，也许你会变得更加独立，变得更能冷静地分析事物，又或许以母亲为反面教材，让自己变得温柔，懂得体谅别人。

阿德勒将遗传和成长环境比喻为打造出家的材料，使用同样的材料（遗传和成长环境），不一定会打造出同样的家（人生）。有人打造出有南国风情的别墅，有人则盖成商业大厦。材料终究只是材料，如何使用取决于自己的决定。你现在的人生，就是你使用材料、靠自己打造出来的“家”。

5

『都是父母的错。』

『都怪朋友不好。』

『只怨生不逢时。』

『反正一切都是命。』

这些都是推卸责任常用的借口。

人一旦找到借口推卸责任，就觉得很轻松。都是父母的错；都怪上司不好、下属犯错；都是另一半不对；错就错在生不逢时……只要不是自己的错，心情就会豁然开朗，是吧？但这样的轻松只能维持一瞬间。

把自己的不幸遭遇推给命运，再怎么自怨自艾，事态也不会好转。唯有起身行动、改变，才有可能扭转情势。例如公司前途未卜，作为员工一味怨叹不会有任何改变，要想改变现状，就必须尽最大的努力，例如想办法投身到公司的体制改革之中。

再怎么埋怨家世出身、父母的养育方式，也不可能改变什么，唯有接受过去，才能继续前进。一味将责任推给另一半或上司，也无法解决问题。况且对方要是反驳、抗拒，只会让你感觉更加辛苦。

人无法改变过去，也无法改变别人，只有改变自己的想法和行为，才能改变未来。每个人都有改变自己的力量，也就是改变未来的力量。

因此，不要总是逃避眼前的课题，总有必须面对的时候。就像牙疼时，就算吃再多止痛药也不可能治好蛀牙，必须正视问题，彻底治疗才行。

6

人不应该被过去束缚，
只有你能描绘自己的未来。
过往的原因就算能作为『解释』，
也无法成为『解决之道』。

1870年出生于奥地利维也纳郊外的阿德勒，与同时代的弗洛伊德和荣格，并称心理学三巨头。然而，心理学家阿德勒当初发表论文时，心理学会大力支持的却是弗洛伊德的理论。

弗洛伊德主张人类会受到过去蓄积的“原欲”支配，意即人类受制于过去，无法掌握自己的未来。

阿德勒的理论和弗洛伊德完全相反，他认为遗传和教养方式等“原因”无法限制一个人的行动，人可以向自己决定好的“目的”而行动，可以随时依自己的意愿改变自己，也就是阿德勒主张的“目的论”与“自我决定性”。这个理论成了现代心理学的“显学”（指与现实联系密切，引起社会广泛关注的学问），让弗洛伊德的“因果律”成为过去的遗物。

不过我们的日常生活到目前为止还是深受过去遗物“因果律”的影响。然而，原因可以作为“解释”，却无法成为“解决之道”。因为我们无法改变过去，但我们可以依自己的意愿改变迈向未来的“目的”，重新决定如何行动就好。只要善用阿德勒心理学来思考，任何问题都可能得到“解决”。

7

人们有时为了逃避失败，会捏造自己生病一事。
『要是没有生病就好了……』
以此为借口，躲进安全地带，图一时轻松。

我的朋友工作能力很强，表现非常优秀，比周围的人更早晋升管理层。但优秀选手不见得是好教练，将自己的想法强加在别人身上的结果，就是遭到下属故意孤立。不久这件事传开了，他因此患上了忧郁症，视上班为畏途，就这样拿到了不上班也没关系的“免死金牌”。

某位年轻女演员准备初次登台表演时，整个人竟然忍不住颤抖，根本无法排练，只好被迫中断演出。她说自己真的很想力图振作，但就是有一种连站都站不起来的虚脱感。

阿德勒说：“人们利用一切东西，逃避人生的失败。”人有时会在不自觉的状况下，捏造自己生病一事。想着要是生病，就不必上班、上学，也不用在他人面前暴露自己的丑态。一想到此，就会无意识地制造出“头痛”“肚子痛”“发烧”“呕吐”“恐慌”等症状，心理学将之称为“疾病利益”。

虽然生病是一件很痛苦的事，但和在众目睽睽之下暴露自己的失败相比，根本不算什么。所以，人们觉得与其挑战胜算不大的事，还不如谎称自己生病。

8

心态健全的人，
不会试图改变对方，而是改变自己。
只有心态不健全的人，
才会试图操控对方，改变对方。

“我们无法改变过去与别人，但可以从现在开始改变未来与自己”，这是身为解说者的我的座右铭，也是深受阿德勒影响、研究人际关系心理学的心理学家艾瑞克·伯恩的名言。我就是因为这句话，人生得以改变。

这个想法的重点在于，追究“到底是谁错了”这个“原因”是没有用的。工作和家庭不需要什么裁判员，与其投入时间和心力追究“到底是谁错了”，不如将精力花在解决问题上更有效益。

因此，就算其实是上司、下属或另一半犯了错，只要着眼于“现在自己能做的事”就行了。如果希望对方能多在意一点的话，不妨试着改变表达的方式，而不是一味地责备不知道自己有错的对方。而且，要努力让自己的话语具有说服力，努力赢得对方的信赖。

心态健全的人就算觉得百分之百错在对方，也只会在“现在自己能做的事”上投注心力。反观心态不健全的人，只会埋怨过去、说别人的坏话，不断强调自己是受害者，借此博取同情，自己却什么也不做。哪一种人生才会幸福，不言自明。

9

其实不是『不想做』，
只是自己决定『不要做』。
其实不是『无法改变』，
而是自己决定『不改变』。

刺激反应（Stimulus Response）是一种思考模式。面对“遭受斥责”这种刺激，人通常会出现被称为“生气”的反应（情感、思考、行动），这是一种单纯的思考方式。

然而，现代心理学反对这种说法。刺激与反应之间，存在被称为“认知”的主观意识，这是源自阿德勒心理学的现代心理学理论之一。这个“认知”就是前面曾提到的粉红色与蓝色镜片，意即透过粉红色的认知看世界，世界就成了粉红色；透过蓝色的认知看世界，世界就成了蓝色。

因此遭受斥责时，如何“认知”并“定义”可谓因人而异。有人会生气，也有人感到悲伤、情绪低落；有人气到怒吼“搞什么鬼啊！”，也有人对别人的指责心怀感激。人可以借此改变“认知”与“定义”，改变自己的反应，也就是改变思考、行动以及情感。

所以，我们不是“因为被斥责而生气，决定不做了”，而是遭受斥责时，依照自己的心意，从众多“认知”与“定义”中，选择“生气”这个选项，再任性地以不想做了为借口，决定“不要做”。因此不要责怪上司，一切都是自己选择的结果。

当然，自己也可以改变选择。

10

遗传和心理创伤都不能支配你，
无论过去如何，
只有『现在的你』能创造未来。

审问某个杀人犯："你为何杀人？"他回答道："因为我被父母抛弃。"

遭父母遗弃、来自不正常家庭的他成了杀人犯，意思是说这不是他的错。但不是所有遭父母遗弃的孩子都会变成杀人犯，其中也有为了援助同样是孤儿的孩子，使其不再遭受和自己相同的苦，教他们自立自强而四处奔走的人。

即使成长于相同的环境，人还是可以依照自己的意愿，选择未来。然而，我们容易无意识地将现在的问题推给过去。

"记得小时候，妈妈总是忙于工作，疏于照顾我，所以我的个性才会变得这么沉闷，要怪就怪我妈，不是我的错。"

"我们家很穷，没办法供我上大学。如果家境好一点的话，现在的我肯定能完成大学学业，还能找到一份更好的工作。"

像这样将眼前的不如意推给过去的环境，充其量只是借口。究竟要以过去的经验作为跳板，开拓未来的路？还是一味地找借口，假装自己是受害者，过着满嘴借口的人生？

只有自己能决定要走哪一条路。

To be human means to feel inferior.

人是一种怀有自卑感的存在。

接受真正的自己

关于『自卑感』的阿德勒名言

11

不是因为你不好，而有自卑感。
无论看起来多么优秀的人，多少都会感到自卑。
只要还有目标，当然就有自卑感。

“为什么我这么没用呢……”聪明、开朗、长得又不错的人，却深深为强烈的自卑感所苦，这样的例子屡见不鲜。

无论是谁都有自卑感，为什么呢？因为人总会无意识地抱持这样的目标：“我想成为这样的人，我想过着这样的人生。”

目标往往比现状来得高远。即便是人们眼中一帆风顺、似乎不需要再企求什么的人，心中也抱持着更高远的目标。也就是说，正因为目标永远不会有达成的一天，所以自卑感油然而生。

此外，人在孩提时期也会因为与父母、哥哥姐姐做比较，而怀有自卑感。

“大人可以轻松地做任何事，我却什么也不会……”

小时候面对大人时怀有的自卑感，会烙印在心里。

“我是个没用的人”“反正再怎么努力，也无法追上……”长大后，心里还是残存着这种自卑感。

由此可见，自卑感不是“大大不如他人的人特有的东西”，其实不只你，身边看似完美、优秀的人，大家都抱持着“主观的认定”，这就是一种自卑感。

12

怀有自卑感，不代表自己心态不健全，
要看自己如何看待自卑感。

阿德勒将“自卑性”“自卑感”“自卑情结”三个词做了明确的区分与使用说明。所谓“自卑性”是指长得不好看、个子矮、胃肠不好等与弱势点有关的具体事实。“自卑感”是指自己“主观认为”自己低劣，换句话说，就算没有具体的“自卑性”，只要自己感到低劣，就会产生“自卑感”。相反，只要不觉得低劣，就不会产生“自卑感”。由此可见“自卑感”说穿了就是一种主观的认定。例如，明明别人都认为你很瘦，你却觉得“自己很胖”，这就是一种“自卑感”。

我们通常会将“自卑情结”与“自卑感”混为一谈，阿德勒对此做了更为明确的区分。所谓“自卑情结”是以“自卑感”为借口逃避人生的各种课题。若以自卑感作为发条，反而更能激励自我的人，是怀有“自卑感”却没有“自卑情结”的人。

“都怪父母遗传给我一个不够聪明的脑袋”“因为家境不好，导致我的个性比较沉闷”……像这样将现在的问题推给别人，放弃努力，只想逃避人生的课题，这就是“自卑情结”。所以不健全的心态不是“自卑感”，而是“自卑情结”。那么，你是属于哪一种呢？

13

有许多以自卑感为借口、逃避人生课题的胆小鬼。
也有不少以自卑感作为发条而成就丰功伟业的人。

人只要正面看待自卑感，便能成就丰功伟业。乐圣贝多芬失聪，印象派画家马奈的视力不佳，都没能阻挡他们成功的步伐。不只身体上的缺陷，由于家境穷困无法完成学业，最终成就丰功伟业的人也不在少数。日本的二宫尊德（江户时代后期的思想家）点蜡烛读书时，被斥责：“农民读那么多书干吗？！不要浪费蜡烛！”他只好自己种油菜籽，用油菜籽油代替灯油在夜间学习。就这样，他一边做农事，一边精进学问，成了名垂青史的人物。

不如他人的遗传基因与成长环境，的确是扣分的因素，但光是这样不能成为“做不到的理由”。以恶劣的环境作为发条，比他人更努力，还是可能做出一番成就的，阿德勒称之为“补偿作用”。因此，“以自卑感作为发条，产生补偿作用，才能成就丰功伟业”的说法一点也不夸张。

或许，你会不以为然地说：“贝多芬和二宫尊德是难得的天才，我只是普通人……”这都是借口。“因为没有自己的房间可以安心读书”“因为父母的学历不高”“因为体质差”……我们不能拿这些与遗传、生长环境有关的事当借口，之所以做不到，真正的理由是你以环境为借口“逃避努力”，绝对不是由于环境的影响而导致失败的。

14

一旦做对了的事没受到关注，
人就会试图去做不对的事，以求受到『负面关注』。
我们不该为了迫使人生陷入悲惨境遇的事而努力。

阿德勒认为用功读书得到好成绩与为非作歹误入歧途，二者看似截然不同的生活方式，其实追求的是同样的目标。因为从某种意义来说，二者努力的目标都是为了得到亲友和周围人的关注。

小孩会倾全力得到父母的认同，阿德勒称之为“追求卓越的努力”。但就算努力了，还是觉得自己不够完美的时候，小孩会转换策略，譬如在运动方面获得好成绩。若还是不行，就转向音乐、绘画等艺术领域。如果还是行不通……最后就想以为非作歹的行为求得关注。

人一旦知道无法求得“受人赞赏”这种“正面关注”时，就会试图以“遭受斥责”求得“负面关注”。特里莎修女曾说：“爱的反面不是仇恨，而是漠不关心。”因此，小孩会想，既然被忽视，那就自讨挨骂好了。

于是，长大成人后还存有这种人生态度。就算已经是大人，也会有既然得不到“正面关注”，那就求得“负面关注”的想法。

问题是，这种思考方式只会让人生变得坎坷，无法得到幸福。我们该做的不是求得“负面关注”，而是努力赢得“正面关注”，哪怕从再琐碎的事上获得也没关系。我们不该为迫使人生陷入悲惨境遇的事而努力。

15

逞强是自卑感的另一种表现。
不要努力『看起来很强』，
而是努力『变得很强』。

自卑情结是以自卑感为借口，试图逃避人生的课题。但不是每个人都会坦率表明让自己感到自卑的事。相反，有不少人会强调自己的优越感："才没这回事呢！我要比别人优秀。"这就是所谓的"优越–自卑情结"，是一种变形的"自卑情结"。

真正有自信的人不会刻意夸耀自己很优秀，强调优越是自卑感的另一种表现罢了。怀有"优越–自卑情结"的人，其实不会为了能让自己"变得很强"而努力，而是努力让自己"看起来很强"。

正因为如此，他们会频繁做出以下行为，比如打扮华丽；明明是女人，动作看起来却像个男人；自以为是；看不起别人；欺侮弱小；在家像只虫，出外像条龙；以生病为理由，随意指使家人；批判针砭别人；故意大声喧哗；刻意强调自己具有特殊的才能；话题总是以自我为中心；把别人的话当作耳边风……这些行为都不是出于自己"很强"。

综上来看，努力"看起来很强"的人，其实内心隐藏着强烈的自卑感。

16

热心的人，不见得是体贴的人。
他只是想让对方依赖自己，
真切感受到自己是个重要的存在。

"自己是个重要的存在。"有些人为了隐藏自卑感，强调自己的优越性，习惯轻蔑、指责对方，借此提升自我价值。这可不是什么单纯的策略，而是人们选择的一种更加复杂、高超的手法。

你的周围是否有十分热心的人呢？"要不要借你一支笔？""用这块手帕吧！""你也差不多该去吃饭啦！"这种热心绝对不是单纯的体贴，而是想借着热心这件事，让对方依赖自己。

"要是没有我，他根本什么都不会"，借此证明自己是个重要的存在，这是阿德勒的主张。

在这个方面，更高明的策略是责备自己、伤害自己。譬如，一边伤害自己的身体，一边以"我怎么这么没用"否定自我。这种行为乍看起来似乎是在责备自己，其实目的完全相反，只是借此指责家人和周围的人："都是因为你们，我才会活得这么痛苦。""你们却无法为我做任何事。"……当事人只是想强调这种心情，博取同情与歉疚，才在责难自己而已。

总之，人会试图使用一切手段，证明自己是个重要的存在。

17

人要是不受注目，
哪怕使恶，也要引起他人的注意。
一旦失败，
接下来就是刻意暴露自己的无能。

当孩子渴求父母的关爱时，会试图阻止父母和其他孩子说话，要求父母陪在身旁，直到睡着为止，从而达到目标——“引起注意”。

要是这一招不奏效的话，孩子就会闹脾气，用拒绝吃饭等各种诡计，倾尽全力引起别人注意，达到目标——“夸示权力”。

一旦遭到大人更强势的喝阻，孩子感觉很受伤时，就会试图报复，比如做些出格的事，故意惹父母不高兴，达到目标——“报复”。

直至孩子终于放弃努力，刻意让大人看到自己的无能与缺点，试图逃避种种人生课题，达到目标——“逃避”。

以上是将阿德勒心理学体系化的鲁道夫·德雷屈尔（Rudolfo Dreikurs）主张的“不良行为的四个目标”。这四个目标不限于孩子，长大成人之后也会在亲子、夫妻、上司和下属、朋友之间一再重演。比如，对于整天埋首工作，不顾家庭生活的丈夫，妻子起初会直接要求他“晚上早点回家”，要是得不到响应，就会对丈夫发火、哭闹。倘若这样还是没效，妻子就会试图报复丈夫，丢下家事不管，自己外出找乐子。最后则是妻子抛开一切，故意向丈夫暴露自己的脆弱、无助与痛苦。

18

『大家都讨厌我。』

『这次不成功，下次肯定也不会成功。』

只要试着冷静举证，便能破除这种『迷思』。

无论是谁都有自卑感，但过度的自卑感是不健全的心态，必须加以克服。那么，什么是过度的自卑感呢？阿德勒将与过度的自卑感有关、以自虐方式阻碍自己成长的错误思维称为“基本错误”（Basic Mistakes）。

“这次不成功，下次肯定也不会成功。”“班上的同学都讨厌我。”“朋友肯定把我当傻瓜，嘲笑我。”等等，这些想法显然都是出于不健全的心态。

这次不成功，并不表示下次百分之百不会成功。只要冷静地重新思考，也许就能降低一半的失败率。班上的同学都讨厌我这件事，其实并不尽然，只要冷静想想到底有哪些人讨厌自己，就会发现也许只有五六个人而已。

克服“基本错误”的方法，就是像这样冷静地举证，用具体数字去确认才是最有效的方法。这么一来，就会发现原来是自己多虑了。不断重复这种方法，破除自我设置的障碍，便能慢慢克服过度的自卑感。

19

责备一无是处的自己，
永远无法得到幸福。
唯有勇敢地认同现在的自己，
才能成为真正的强者。

阿德勒认为，要想克服自卑感，必须破除自我设置的障碍，也就是克服基本错误。但光是这样，仍然无法克服自卑感。

那么，要如何思考才能克服自卑感呢？不要一味地否认自己的无能，而要接受一无是处的自己。也就是说，不求做个完美的人，而是接受不完美的自己。

阿德勒的得意门生鲁道夫·德雷屈尔，以阿德勒的思想为本，留下了这样的名言。

人必须“拥有接受不完美的勇气”，一味追求完美只会伴随痛苦，为什么呢？因为这个世上没有完美的人，要接受并喜欢有缺点、甚至一无是处的真正的自己。

“接受真正的自己”在心理学上被称为“接纳自我”。“拥有认同不完美的勇气”，这是为了接纳自己最必要的东西，不是吗？

不是ONLY IF（若能克服缺点），I'm OK（我便安好），而是要有EVEN IF（就算有缺点），I'm OK的勇气，这就是“接受不完美的勇气”。只有拥有这种勇气的人，才能成为真正的强者，才能得到幸福。

Ask not whence but whether.

最重要的问题，

不是“从何处而来”，而是“要往何处去”。

隐藏在情感中的目的

关于『情感』的阿德勒名言

20

不是因为悲伤而流泪，
而是为了责备对方，博取同情与关注而哭泣。

阿德勒认为“所有行动（本人也毫无觉察）都有目的”，这在阿德勒心理学中被称为“目的论”。不是“感情促使人冲动”，而是人“使用感情”达到目的，被称为“使用的心理学”。

人之所以流泪，有其目的，有时纯粹只是表达悲伤的情绪，有时却隐藏着其他目的，那就是：希望以眼泪博取同情，企图求得关注。有时，也会以泪水攻势向对方或周围的人抗议或报复，控诉对方：“你太过分了，竟然让我这么伤心。”

也有人觉得光是责备对方、博取同情并无法得到满足，所以企图操控对方，营造对自己有利的情势。像是上司斥责下属，下属突然哭出来，搞得上司不好再责备，事情也就不了了之，这是职场上常见的情形。此时，被斥责的一方哭泣可能是怀有目的的。

然而，这一连串复杂的情感冲动，往往是在不自觉的情况下进行的，就连当事人也没有意识到，并被作为成功模式反复使用。

21

不是因为一时气昏头而破口大骂，
而是为了『支配』对方，
创造与利用名为『愤怒』的情感。

“我是一时气昏了头……”这是很多人常挂在嘴边的一句话。

阿德勒对这句话持反对态度，认为“所有行动都有目的”。依照阿德勒一语道破的“目的论”与“使用的心理学”来思考，所谓愤怒的情感，是为了达到将焦虑的情绪传递给对方并支配对方的“目的”而“使用”的手段。

在阿德勒之前，以弗洛伊德为中心的心理学中，是以与“目的论”完全相反的“因果律”为主流，认为人在无意识状态下会因为“情感”而冲动。结论就是——破口大骂是一种无意识的愤怒，是一种“原因”，并不是当事人的错。由阿德勒的“目的论”与“使用的心理学”得出的结论与“因果律”大相径庭。

使用感情的目的主要有两种，一种是为了操控和支配对方，也就是用突然爆发的表情和态度威吓对方，操控与支配对方，令其听命行事。

第二种是达到刺激自己的目的，意即人借着“使用”感情一事，驱使自己付诸行动。也就是说，借由情感“推自己一把”。

人不可能只靠理性判断来行动，愤怒、悲伤、喜悦、恐惧等情感，都是促使你“前进”或者“踩刹车”的因素，情感就是用来驱使对方与自己的。

22

情感像是让车子启动的汽油，
不是受情感『支配』，而是『利用』情感。

阿德勒的得意门生鲁道夫·德雷屈尔，将情感比喻为汽油般的燃料。人如果只凭冷静的判断，往往无法付诸行动，所以需要情感这个触发器。因此，情感是用来驱使行动或适时踩刹车的。

好比你“想和交往中的对象结婚”，但婚姻中也会伴随各种风险，这时从身后推你一把的就是“情感”。“喜欢”“想在一起”的情感可以抚平这些不安，促使你朝红毯的彼端迈进。“情感”成了汽油，启动引擎，让车子往前疾驰。

不仅如此，“情感”也会扮演刹车器，像是“不知道为什么就是有种不好的预感，所以决定不做了”便是一例。究竟要踩油门，还是踩刹车，只在于自己的决定。

使用被创造出来的情感，促使自己和他人付诸行动。总之，绝对是先有情感，而不是受情感支配。

别受情感支配，擅于使用情感就对了。用心倾听内心的情感，也许就能找到驱使自己前进或后退的契机。

其实，自己的情感早就知道该怎么做了。

23

不是由于不安，所以无法外出。
而是因为不想外出，捏造了不安的情绪。
都是因为先有『不外出』这个目的。

有人一想到要挤公交车，就觉得极度不安，以至于出现倦怠的状况。阿德勒一语道破了这种心理。

“不是由于不安，所以无法外出，而是因为不想外出，捏造了不安的情绪。”

不是因为不安这个原因限制行动，而是先有目的，意即为了实现不想上班这个目的，而捏造了不安的情绪。

那么，为什么不想去公司呢？理由因人而异。可能是因为业绩不如他人，不想承认自己做得不好；也可能是因为害怕上司数落就不想上班。无论是哪一种理由，都先有一个目的，这就是阿德勒主张的“目的论”。

患有“脸红症”的人也是如此，不是因为患有脸红症而无法谈恋爱，而是因为恐惧恋爱，所以患有脸红症。也许为了谈恋爱，非得主动告白才行，这时会伴随被对方拒绝的风险，这就是一种恐惧。或者担心交往之后，彼此的关系反而变得不好，又或者是因为自己的男朋友不如朋友的。对于这种风险感到恐惧的人，就会捏造出脸红症。这是由于先有一个目的存在的缘故。

24

孩子只能用『情感』支配大人。
长大成人之后，
还想使用情感驱使别人，就是幼稚的行为。

刚出生的婴儿不会说话，只能用“哭泣”这种情感来表达“想喝奶”“尿布湿了，不舒服”“很寂寞，想抱抱”等需求。

由此可见，婴儿是透过“哭泣”这种情感表现，得到他想要的一切，然后在重复这种行为的过程中，逐渐学会如何“使用情感”得到必要的东西，这就是“学习”。

孩子不满一岁时，便开始塑造性格，意即还不会说话之前，孩子的性格就在慢慢养成。“透过哭泣、生气，得到他想要的一切”，从婴儿时期“学到”这种表达方式的孩子，会将这种成功模式烙印在“性格”上，于是，无论是在孩提时代，还是长大成人之后，都会继续使用这种“性格”。

若你周围有比较感情用事的人，即频繁利用情感的人，也许他就是在反复利用孩提时代的成功模式。利用愤怒的情绪驱使身边的人，或者用眼泪攻势迫使对方屈从自己的意思。

但是，情感不是达成目的的唯一方法。长大成人之后还想使用情感驱使他人的人，内心还很幼稚。

25

抱持嫉妒之心，支配另一半，
对方终有一天会离你而去。
理性的沟通才是成熟大人的做法。

利用情感表现达到目的，只限于婴幼儿时期可行，绝对不是成熟大人应该利用的手段。

然而，一旦婴幼儿时期尝过利用情感支配他人的甜头，长大之后也会复制过去的成功模式。例如，妻子利用嫉妒的情感，试图挽回丈夫的心，但频繁利用情感的结果就是彻底失去丈夫的心，迫使对方离去。这就是婴幼儿时期的成功模式不适用于成人世界的例子。

唯有靠理性说服对方，才是成熟大人达成目标的方法。只有彼此理性地沟通，才能得到双赢的结果。

当你借用对方力量的同时，你也会成为对方的力量，借此通力合作，彼此都能达成目标。总之，哭泣、大吵大闹、嫉妒……利用情感驱动与支配他人绝不是唯一的方法。

况且成人和小孩不一样，拥有靠自己解决问题、达成目标的能力，就算不支配他人，也能独立做很多事，尽自己应尽的责任，这是成人世界的基本规则。“自己做没准会失败，还是让别人做好了”，怀有这种心态的人，永远无法融入社会。

26

对亲密爱人撒娇，
对快递员极度不耐烦。
人会依对象和情况不同，采取不同的行动，
因为所有行动都有目的。

年轻女子用撒娇的声音，对着话筒柔声细语：“咦？真的吗？好高兴呀！人家正想去海边呢！太棒了！好期待哦！”她肯定是在向男友撒娇吧。这时门铃响起，似乎是快递员来了，于是女子前去开门。快递员将货物放在玄关，她向电话那一头的男友温柔地说：“等我一下哦！”随即按下保留键，不耐烦地对快递员说：“这是什么东西啊？什么？印章？快一点啦！我有急事啦！”女子用迫不及待撵人走的口吻送走快递员之后，随即拿起电话，换个人似的娇声说道：

“对不起啦！等很久吗？人家也想快点听到你的声音嘛……”

这样的年轻女子绝对不是特例，因为每个人的行动都有“对象”以及希望对方怎么看待自己的“目的”。这个年轻女子的“目的”，就是希望她的男友，也就是“对方”觉得她很可爱，才会娇声讲电话。相较于此，面对快递员这个“对象”，女子的“目的”是想收了东西就赶快打发他走，所以态度非常不耐烦。

所有行动都有“对象”和“目的”，一边揣测，一边观察，便能摸清对方的心情。

弄清楚“对象”是谁，“目的”为何？便能发现饶有趣味的结果。

27

意识与无意识、理性与情感的纠葛，
都是谎言。
所谓『我都知道，但就是做不到』的说辞，
其实只是『不想做』罢了。

以弗洛伊德为中心的古典心理学，将意识与无意识清楚分割，认为意识与无意识的矛盾与纠葛会导致各种精神疾病和症状的出现，但阿德勒反对这种说法。

阿德勒认为，就算意识与无意识之间看似矛盾，但也是朝向同一个目的、相辅相成地在运作，好比踩油门与踩刹车的关系。虽然乍看之下很矛盾，但坐上同一辆车，朝同一个目的地前进，就必须相互合作。阿德勒将这种无法分割、统合的整体称为“整体论”。

阿德勒的得意门生鲁道夫·德雷屈尔，在《阿德勒心理学基础》(*Fundamentals of Adlerian Psychology*)一书中，举了以下例子来说明“整体论”。

旅人在旅途中遇到两个非常亲切的人，于是决定和他们结伴同行。由于看对方很亲切，旅人没怀什么戒心，但没想到他的钱包被其中一个人偷走。事实上，这两个人狼狈为奸，打从一开始就计划要偷旅人的钱包。

这两个家伙就像意识与无意识，分别扮演油门和刹车器的角色，一起朝向同一个目的，也就是“偷窃”这个目的行动。同样，理性与情感也是一体的，并不矛盾，这就是阿德勒主张的“整体论”。

28

『我无意识地做了这件事……』

『理性败给了欲望……』

这些只是欺骗自己与对方的『借口』。

阿德勒明确反对将“意识与无意识”“理性与情感”等对立要素分割来思考的主张。就算两者乍看之下很矛盾，但都是为了达成同样的目标而互补合作的。

譬如，决心减重的人，还是忍不住偷吃薯片。最常听到的说辞是“我无意识地吃了……”或者“还是败给了欲望，忍不住吃了……”，但这些都是借口。事实上，你是依自己的意愿判断，认为吃进肚子才是“对的”（有利的）选择。

“破例一次应该没关系吧！那就吃吧！”“比起减肥，吃掉手上这包好吃的薯片才重要。”……前面说的决心减重的人只是基于这样的想法，决定选择“吃”而已。

那么，为何我们刻意端出“意识与无意识”“理性与情感”这些因素来佐证呢？阿德勒认为这些都是为了说服自己和他人的借口，也就是为了包庇“不想负责”“不愿承认失败”“良心的苛责”这些心态，以“自己没有错，都是无意识与欲望的错”为借口，企图欺骗自己与他人。

29

别想操控愤怒之类的情感，
因为情感是『排泄物』，
操控『排泄物』也无法改变什么。

我们每天似乎都感觉到被愤怒、悲伤等情感所支配，出于此需求，图书市场上出现了许多关于“情绪管理”的书。然而，阿德勒反对情感能被操控的说法，他认为情感只是生活型态（性格）的“排泄物”，就算操控“排泄物”，也无法改变什么。唯有改变生活型态，情感才能自然而然地改变。

生活型态是指对于事物的理解方式，也就是以认知为核心的基本信念。我们之所以不会因为对方的言行举止以及世间发生的事等“刺激”（Stimulus），做出直接的“反应”（Response），是因为我们对于事物有一套自己的理解方式，也就是“认知”（Cognition）。

好比看到在走廊擦肩而过的异性对自己“扑哧”一笑时，有些人的认知是“对方在嘲笑我”，从而感受到一种“愤怒”的情感，有些人的认知则是“他对我有意思”，进而产生“喜悦”的情感。

这时候的我们无法操控被称为“愤怒”的情感，只能修正产生这种“情感”的“认知”。其实“对方在嘲笑我”的认知中隐藏着“自己不可能被别人喜欢”这种自我否定的生活型态，这才是应该修正的对象，就算能操控“愤怒”的情感也是毫无意义的。

The child arrives at his law of movement which aids him after a certain amount of training to obtain a life style, in accordance with which we see the individual thinking, feeling and acting throughout his whole life.

虽然人们对于自身，

以及关于人生各种问题的意见，

无法理解，也无法清楚说明，

却还是抱持自己坚守的行动法则而活着。

性格能在当下的瞬间被改变

关于『生活型态』的阿德勒名言

30

所谓生活型态（性格），
就是人生的设计图，
被称为人生的脚本。
只要改变生活型态，
人生就会骤然改变。

好友相聚时，总是有主导话题的人，也有沉默寡言、老是被边缘化的人。

阿德勒认为这种行动上的差异，是因为生活型态（性格）不同的缘故。希望“被别人接纳”“被别人喜欢”，抱持这种生活型态的人，习惯主导话题。相反，总觉得“别人肯定会拒绝我”“别人应该不会喜欢我”，抱持这种生活型态的人，往往在谈话中插不上嘴。

所谓生活型态是指生活癖好、惯有的行为模式等，也就是一般情况下所说的个性、人格。但性格给人无法改变的印象过于强烈，所以阿德勒大胆使用“生活型态”一词来取代。他认为生活型态不是“因果律”主张的天生的东西，而是可以依自己的意愿决定的东西，所以随时都有改变的可能性。

沉默寡言，老是被边缘化的人，不是“性格温顺”，而是“不相信别人的性格”，“觉得自己有不可能被别人喜欢的性格”。只要找到隐藏在“温顺”深处的核心信念，改变这种信念，就能彻底改变行动与情感，也就是改变生活型态。

31

『我是……』

『世人是……』

『我必须是……』

性格的深层部分，存在这三种价值观。

性格可以从各种层面来思考，性格分为“开朗的性格”“沉闷的性格”“亲切的性格”“怕生的性格”等无数种，但这些都只是浅层等级的性格表现。

性格的深层部分有着堪称所有性格根本的三种价值观与信念，阿德勒称之为“生活型态”。这三种价值观分别为自我概念（我是……）、世界观（世人是……）、自我理想（我必须是……）。之前说的浅层性格就是根据这三种性格的组成来决定的。

就以拥有以下生活型态（三种价值观）的人为例。

自我概念：我对任何人都没有兴趣；

世界观：大家不会理睬无趣的人；

自我理想：反正没有人会理睬我，所以我还是低调一点，保持沉默比较好。看来这个人不是“开朗的人”而是“个性沉闷的人”，不是“亲切的人”而是“怕生的人”。

这种浅层个性的根本上有生活型态的三种价值观。因此，不是要“沉闷”的人变得“开朗”，而是必须改变这三种价值观。所以，改变自己的第一步，就是了解自己的生活型态。

32

一个人的生活型态在十岁左右，
就会靠自己的决定而定型，
而且就这样使用一辈子。

生活型态（个性）早在婴儿学会说话之前，即从零岁开始就慢慢塑造了。而且大多数小孩的个性在十岁左右定型。

我们小时候生活在以家庭为中心的社会，为了得到自己想要的地位，为了得到对方的关注与疼爱，不断尝试和犯错。

最初，我们直接渴求父母的关爱，若是得不到，也许会用愤怒的方式硬要达到目的不可；或者刻意强调自己处于弱势，借此博取他人的怜悯与保护；还有些小孩想努力表现自我，试图赢得他人关注的目光。

我们就像这样不断尝试和犯错，从中学习到“原来这么做，对方会有这样的反应啊”“这么做就对了”“看来这么做行不通”，逐渐积累起应付各种状况的方法与经验。

比如，“表现得很开朗好像没什么效果呢！看来还是要适度示弱比较好”“我是个应该受到保护的弱者”等，以此来界定个人的想法。这就是以生活型态为核心，在塑造自我概念、世界观与自我理想。

33

戴上粉红色镜片的人，
误以为世界是粉红色的，
丝毫没有察觉自己戴上了眼镜。

想象自己走在长廊上的情景。这时，那个你对其一直怀有好感的人与你擦肩而过。就在那一瞬间，对方看了你一眼，扑哧一笑，对此你会有什么感觉呢？觉得对方在“笑你”，还是“对你有好感而微笑”呢？

就算面对同样的场合，每个人的理解也会不一样；就算体验同一件事，也有人开心，有人悲伤。这一切都取决于占据认知核心的生活型态（性格）。

抱持“应该没有人会喜欢我”这种自我概念的人，八成会认为对方是在“嘲笑自己”吧。相反，抱持“所有人都会喜欢我”这种自我概念的人，肯定会解读成“对方之所以微笑是对我有好感”。

大多数人都没有察觉自己抱持着独特的认知倾向。之所以觉得一切看起来都是粉红色的，是因为自己认为世界是粉红色的，其实不然，这只是因为自己戴上粉红色镜片的眼镜罢了。

戴上有色眼镜看待任何事物的生活型态，这就是所谓的“认知偏见”。我们只能透过认知偏见来看待世界，无法完全客观地看待事物。

34

即使一直以来的生活型态带来种种不便，
人们还是不想改变，
就算扭曲事实，
也深信自己才是对的。

我们无法逃离认知偏见，依据认知偏见、只接收对自己有利的信息，其他的都以例外来处理。我们还会扭曲事实，解释成对自己有利的情况，然后强迫自己接受“一直以来的想法都是正确的”，这是因为这么做比较轻松，要是不这么做，便深感不安。

抱持着“自己受人喜爱”这种生活型态（性格）的人，多半交友广泛，有着“果然我受人喜爱”的强烈信念。相反，总觉得“自己被别人讨厌”的人，不擅交际的结果就是交不到朋友，“果然被别人讨厌”的念头也会越来越强。

某个自称有预见未来能力的人曾预言：“半年后会发生一起毁天灭地的大地震，大家一起祈福吧！”结果，并没有发生大地震。一般人肯定觉得：“这个人根本是胡诌嘛！”但相信他的人在认知偏见的驱使下，就会得出截然不同的结论，像是“全是因为他号召大家一同祈福，才让我们幸免于难，他果然有预见未来的能力啊”，从而更加强化自己的信念。

这不是什么笑话，其实我们也和这些深信不疑的人一样，由于认知偏见而扭曲事实，捏造出对自己有利的解释。

35

被从小骂到大的人，
不一定会变成个性沉闷的人。
究竟是接受父母的想法，还是将父母视为反面教材，
取决于『自己的意愿』。

生活型态（性格）的养成，深受出生顺序（家中排行）、器官方面的问题（身体比较孱弱）、家族成员以及家人之间的关系、家庭气氛、父母的期待等因素的影响。但如前面所述，这些都只是影响因素，无法决定你的生活型态。每个人都依照自己的“目的论”选择生活型态，并按照自己的意愿逐步完善。

影响因素只是木材、钉子之类的建材，要用建材盖一栋南国风情的别墅还是现代风格的大厦，完全取决于自己的意愿。

就像从小在母亲的斥责下长大的孩子，不一定会变成个性沉闷又消极的人。搞不好他会将母亲视为反面教材，长大后反倒成了开朗积极、个性宽容、不拘小节的人。或者，尽管有很大的可能性改变，但他终究还是养成了沉闷、消极的性格。这个结果不能全都归咎于母亲的管教方式。虽然管教方式多少存在影响，但结果终究是自己选择和接受的。

因为究竟是要接受、反抗，还是无视，完全取决于自己。既然是自己做的决定，就能靠自己改变，所以人随时都可以改变自己的生活型态。

36

过着幸福人生的人，
生活型态（性格）一定合乎『共识』。
单凭个人扭曲的理论而构筑的性格，
永远无法获得幸福。

每个人的生活型态（性格）都不一样。虽说如此，过着幸福人生与陷入不幸人生的人有个共同点，那就是是否合乎共识（Common Sense）。

共识具有共同（common）与感觉（sense）的意思，意即“无论是对个人、组织还是家庭来说，都能接受”，一般字典将其解释为“常识”，但阿德勒认为“共识不一定等于常识”。好比小孩子应该上学，接受教育，这是世间的常识，但要是孩子在学校遭到欺凌，就不应该强迫他去上学。这时，不去上学就是一种共识，这是阿德勒的主张。

阿德勒还提出与共识完全相反的“个人理论”，也就是“只有个人能够接受，共同体无法接受”。单凭个人扭曲的理论而活，人生一定会遇到瓶颈。

现在开始还不迟，必须改变生活型态，让其合乎共识，这也是让自己变得幸福的方法。

37

这个世上没有『个性火暴的人』，
只有『常常使用愤怒这种情感的人』。
不必彻底改变自己的性格，
只要改变自己使用情感的方式就行了。

所谓“江山易改，本性难移”，也许不少人认为性格无法改变吧。其实改变性格，不是改变与生俱来的脾性，而是改变“使用情感的方式”。

阿德勒小时候曾下定决心，告诉自己“不要生气”，自此之后就真的没再生气过。这不是从“生气的人”变成“不生气的人”，而是停止“频繁使用”被称为愤怒的情感，然后变成“几乎不用”而已。像这样，便能改变性格。

改变性格不是要替换个人之前已有的精神所有物，而是学习如何善用自己拥有的东西。也不是该不该生气的问题，而是如何处理愤怒的情绪，如何改变愤怒的频率，这才是改变性格。由此可见，性格随时都能改变。

“全部替换”不是一件简单的事，毕竟人都不想失去一直以来所拥有的，而且对于新的所有物也会有点排斥和犹豫吧。

其实改变情感的使用方式没那么难，性格完全是可以改变的。

38

只要有心想努力改变自己，
就非常有可能改变生活型态。
直到人生落幕的前一两天，性格都是可以改变的。

有人问阿德勒："人到几岁就很难改变性格呢？"阿德勒回答道："死前一两天吧。"我想这句话肯定带给不少人勇气，只要自己有心"想要改变"，就有可能改变，为什么呢？因为现在的生活型态是由自己打造出来的。

要想改变生活型态，必须先清楚了解现在的生活型态。这里指的不是"开朗""沉闷"之类的浅层性格表现，而是存在于性格本质中，被称为中心信念的"自我概念""世界观"与"自我理想"。

为了清楚了解这三个价值观，阿德勒心理学运用了家族构成分析、回想过往以及唤醒与分析幼年少年时期的记忆等方法，然后借助咨询师的力量，由自己改写生活型态。

然而，生活型态不是改写在纸上，就能立刻改变的东西。而是稍不留意，就很容易回到过去惯有的模式。所以，必须重复几百次、上千次，才能发现自己一点一滴的改变。或许必须花上人生的大半时间，才能全部改写完成。

Individual Psychology has found that all human problems can be grouped under these three headings: occupational, social and sexual.

阿德勒心理学发现，

所有人生问题都与工作、交友、爱

这三大课题有关。

所有烦恼都是人际关系的烦恼

关于『生活型态』的阿德勒名言

39

所有烦恼都是人际关系的烦恼，
其实就连隐士，
也很在意他人的目光。

阿德勒认为，所有烦恼都是人际关系的烦恼。其实就连隐士，也很在意他人的目光。下面以一个小故事来说明。

某个村子住着一位抛弃俗世欲念、犹如神仙的人。拒绝住在村子里的他，在深山里盖了一栋小屋，过着自给自足的生活。他觉得，和村民交流毫无意义可言。

某一天，村子发生大火，陷入一片火海，因此全村的人决定舍弃家园，迁居别处。但没想到犹如神仙的隐士也跟着迁居，搬到能够远眺新村子的另一座山上。

隐士没有舍弃人际关系，他希望村民认为他是一个“舍弃俗世欲念”，犹如仙人一样“清高”和“与众不同”的人，才想要当个隐士，所以他无法生活在没有“观众”的地方。

所有烦恼都可以归结成人际关系的烦恼。当你思考自己想成为什么样的人时，你一定会很在意周围人的目光。

40

『最近心情很低落。』
『忙到没办法休假。』
这些得以窥见内心烦恼的言辞，
全是因为人际关系出了问题。

“我年纪大了，赢不过年轻人啦……”这不是个人内心的烦恼，因为这么说的同时，也是在强调：“我都这把年纪了，还挺努力的，不是吗？”

“最近心情很低落……”这句话也不能单从字面意思来解读，因为情绪低落的同时，也是在凸显自己情感细腻、纯真的一面。

“忙到没办法休假，好想偷闲一下呀……”这句话只是在强调自己很忙，绝对不是因此感到情绪低落。

乍看之下是在吐露内心烦恼的言辞，其实都有想向“对方”强调自己的优越性的“目的”，这就是“使用的心理学”。

我们的言行、情感，都有想向“对方”强调什么的“目的”。如同前述那位隐士，也是意识到“观众”的存在而决定自己的行动。正因为我们都很重视人际关系，所以人际关系是所有烦恼的根源。

像是身体出了问题或者饱受精神疾病困扰，也是人际关系方面的问题。这是因为生病就能成为特别的存在，所以向对方强调自己的“优越性”。对这个人来说，生病成了必要的手段。由此可见，所有事情都是人际关系的问题。

41

想过着没有烦恼的生活，
除非宇宙中只剩下自己。

所有烦恼都是人际关系的烦恼。好比“工作不顺利”“无法达成目标”等烦恼，都与人际关系有关。如果工作不顺利、无法达成目标，上司和同事都能安慰你说“没关系啦！不要那么在意”，你也就不会烦恼吧。也就是说，不是烦恼工作不顺利，而是烦恼也许会被上司和周围的人否定，这就是人际关系的烦恼。

不过，也有人否定以上论点。那种就算得到周围人的谅解，还是会烦恼要是目标一直没达成、恐怕会被炒鱿鱼的人，阿德勒心理学认为，他面临的也是人际关系的烦恼。

担心“也许会丢了工作”的烦恼，成了“不知能否在公司、社会中保有自己的安身立命之所”的烦恼，所以整日在纠结自己该扮演什么样的角色，该如何贡献心力，这也是人际关系的烦恼。

人无法独活，若想完全从人际关系的烦恼中解放，除非宇宙中只剩下自己，否则永远也无法逃离人际关系。

42

人生有三大课题，
第一，『工作的任务』；
第二，『交友的任务』；
第三，『爱的任务』。
而且这些任务越拖延，越难解决。

阿德勒认为所有人生的课题都与人际关系有关，大致可以分为三类：工作的任务、交友的任务、爱的任务，而且这些任务越拖延，越难解决。阿德勒将这三大任务统称为人生任务（Life Task）。

某位男性职员有个烦恼，那就是每次和客户洽谈时，都能侃侃而谈，丝毫不紧张，但只要一闲聊起来，就会突然紧张到说不出话来。和异性说话时也是如此，非常紧张。这个例子只要依照阿德勒主张的三大人生任务进行思考，便能简单说明。

生意上的洽谈就是工作的任务，比起交友的任务与爱的任务，可以说是人际关系中最简单的一项。也就是说，与人闲聊、和异性交往远比工作的难度大，所以和客户、异性来往时，当然会很紧张。交友与爱的任务的人际关系，远比工作来得复杂，困难度也自然成倍增长。至于该如何处理，容我后面进行说明。

43

没人会无缘无故为了你做任何事，
『某某人没有为我做什么』的烦恼，
就是你只想到自己的最佳证据。

“没有为我做什么”“没有好好珍惜我”“不肯接纳我的意见”……若有人因为这些理由，不再将对方“视为伙伴”，只能说这个人犯了极大的错误。

显而易见，这个人满脑子“只想着自己的事”，既无法解决交友的任务，也无法活得幸福。

即便对方采取违背自己期待的行动，心态健全的人也会认同对方是伙伴，继续来往。因为这个世上没有人会为了满足你的期待而活，你也不是世界的中心。每个人都是自己人生的主人翁，每个人都想成为世界的中心，所以你并未享有任何特权。

交友的任务不同于工作的任务，是个没有方针与角色可以依循的自由世界，难度比较高。工作之所以没有处理好，很明显是这个人的生活型态（性格）有问题。基于“没有为我做什么”的理由，便将对方从伙伴名单中除名的人，绝对不是只有交友方面出了问题。当他面临比交友更棘手的爱的任务时，也一样会指责对方，让自己尝到不少苦头吧。这是由于他不管面对什么任务，都会用同样的生活型态来应付。

44

有些人为了逃避交友与爱的任务上的挫败，
全心全意投入工作，
这种人惧怕周末假日的到来。

有些人从不休假，每天工作到深夜，成了所谓的工作狂。那么，他们真的如此热爱工作吗？

当然有人的确是，但有人并不是，而且多是那种为了逃避交友与爱的任务，而全心投入工作的人。

有一位朋友对我吐露心声："和妻子感情冷淡，所以不想回家，只好每天在公司待到她上床睡觉才动身。"由此来看，他是为了逃避爱的任务，只好全心投入工作的典型例子。

他热衷工作的理由，不单是为了逃避"目前面临的交友与爱的课题"，也是为了逃离"将来可能会面临的交友与爱的课题"，才投入工作中寻求慰藉。譬如，有人"因为工作太忙，迟迟结不了婚"，从阿德勒心理学的观点来看，其实这个人根本不想结婚，只是因为害怕婚姻失败、害怕人生遭受挫折，才选择逃避必须面对的人生课题。

"因为工作太忙，没空拓展社交圈"的理由也是一样，为了逃避"自己不擅与人交际"的挫败，所以拼命工作，努力将自己与他人隔离。

45

所谓『爱的任务』，
就是结交异性和结成夫妻关系。
正因为是人生最困难的任务，
若能达成，相信能拥有无忧无虑的人生。

老是把另一半的话当耳旁风，却听得进去毫不相干的外人说的话，夫妻因此大发脾气，你是否也有过这样的经历呢？人们对于亲近之人的忠告总感到棘手，反倒容易接受关系没有那么亲密的人说的话。

富士山远看是一座美丽的山，但走近一瞧，却是布满凹凸的岩石，也有垃圾弃置的脏乱景象。情侣与夫妻的亲密关系也是如此，远看总是看见对方美好的一面，腻在一起时，就老是会注意到对方讨人厌的地方。而且男女之间的价值观、思维以及在社会上扮演的角色都不太一样。基于以上这些差异，距离最相近的也是最难处理的关系。

我们只要活在这个世上，就无法逃避爱的任务，所以达成这个任务的同时，便能获得无忧无虑的人生。那么，该如何达成爱的任务呢？其实和达成工作、交友任务的方法一样，只是要求的层级更高。所以，无法解决工作与交友任务的人，绝对无法达成爱的任务。

46

若只会用一味批判的方式，
约束另一半、教育另一半，
这样的婚姻绝对不会幸福。

结婚的两个人本来就该比任何人都珍惜对方，将对方看得比自己重要。

我们不该老是想着“自己要如何主导”或者“如何让对方按照自己的要求”行事，而是思考“能够给予对方什么”“如何让对方开心”并付诸实行。然而，这种事不能单凭一方的意愿，双方必须达成共识，这是维持幸福婚姻的唯一方法。

因此，当任何一方觉得“听我的准没错，他老是判断错误”，彼此的关系就容易亮起红灯。或者，一方认为“自己比较有见识，必须好好教育水平比较低的对方”时，也很容易导致关系紧张，使得彼此处于不对等的状况。

支配不只表现在言语上。柔弱的女性为了支配男性，往往会采用“一哭、二闹、三上吊”的方式达到支配对方的目的，这也是一种靠能力支配对方的手段。可想而知，这样的关系肯定好不到哪儿去。至少彼此要处于对等的立场，懂得珍惜与给予，解决好爱情与婚姻中的问题，才能迎来幸福的人生。

关于爱情与婚姻的课题，是以男女平等为前提的，一旦这个前提不存在，彼此之间永远都有解决不完的问题。

The investigation of the family constellation reveals the individual's field of early experience, the circumstances under which he developed his personal perspective and biases, his concept and convictions about himself and others, his fundamental attitudes, and his own approach to life, which are the basis of his character, his personality.

只要调查家族构成与配置，

便能明了一个人的生活型态是如何养成的。

家族就是世界

关于『家族构成』的阿德勒名言

47

对孩子来说，家族就是『世界』，
要是不被父母疼爱，便无法活下去。
为了争取父母关爱而使出的手段，
深深影响着性格的养成。

应该有不少人看过母马生小马的动物纪录片吧。刚生下来的小马，马上就能依靠自己的四肢行走。但人类不一样，相较于其他动物，人类的孩子是在极度不成熟的状态下出生的，要是没有父母的协助，根本无法独立存活。因此，人类的孩子极度恐惧被父母抛弃，被父母抛弃就等同于宣判死刑。也正因为如此，孩子会拼命努力争取父母的关爱与认同。

有些孩子听从父母的话，当个乖孩子博取父母的爱；有些孩子无法成为优等生，只好强调自己的弱势，设法引起父母的关爱与守护；还有些孩子故意做些让父母伤脑筋的事，迫使父母不得不重视他的存在。这些孩子乍看之下属于不同类型，其实他们出于同样的目的——吸引父母的关注与关爱，只是他们施行的策略不同罢了。

孩子会不断测试，从中找到成功的方法，甚至长大成人之后还会反复使用，这就形成了孩子的生活型态（性格）。

48

老大很会念书，老二擅长运动，最小的喜爱阅读。兄弟们之所以各有所长，是有理由的。因为在各自擅长的领域中都能得到认同。

老大是个很会念书的优等生，老二是擅长运动的阳光男孩，最小的孩子性格内向，喜欢阅读、打电子游戏。三兄弟之所以个性不同，擅长的领域也不一样，其实是有理由的。

阿德勒认为家族关系，尤其是兄弟姐妹（以下称为兄弟）之间的关系，对于生活型态（性格）的养成影响巨大。身为家中第一个孩子的老大，本来独占父母的爱，但随着老二出生，失去了独占优势，父母的爱也被瓜分掉了。于是，兄弟之间开始争夺“父母的爱”。

老大、老二、最小的孩子各自强调自己擅长的领域，以此争夺父母的关注。然而，彼此不但不会涉及对方擅长的领域（像是读书、运动等），还会设法开创新领域（像是艺术等），借此向其他兄弟显示自己的优越感，进而博取父母的认同。

阿德勒心理学主张，手足关系对于孩子生活型态的养成，远比亲子关系来得深远。因此，透过调查被称为家族配置的族谱与家人之间的关系，以及家庭气氛与家人共同的价值观等，可以分析一个人的心理层面。

49

身为家中第一个孩子的老大，独占父母的爱。
但随着老二的出生，
瞬间失去拥有的『王座与特权』后，
当然会想夺回以往的『王国』。

对父母来说，老大是第一个孩子，会独占父母所有的爱。但随着老二的出生，老大瞬间被夺走了“王座”，原本独享的各种特权，突然多了一个人来分享，而且老二还会夺走父母更多的关爱与时间。可想而知，老大当然无法忍受这种状况，所以很多时候，老大会欺负弟弟（妹妹），借此引起父母的关注。孩子若是得不到正面响应，很容易做出出格的行为。

很多时候，老大由于年纪较长，无论体格和智能在手足之间都是比较出色的，责任感也比较强，多半担任领导角色，所以长大之后也会展现出领导特质。

此外，作为家中第一个孩子的老大也很容易成为追求高远目标的努力者，或者是要求自己成为“永远都是最优秀的”“永远都是正确的”这样的理想主义者与完美主义者，强迫自己随时保持最佳状态。在性格方面，老大也倾向于养成重视法律、规则、权威与舆论的保守性格。

阿德勒认为基于种种理由，排行老大的人比较容易出人头地，成为社会上具有支配力量的一方。

50

排行中间的孩子由于无法独占父母的爱，
容易变成好胜心强、具有攻击性又个性别扭的人，
思维方面比较倾向于以
『自己的人生必须靠自己开拓』为座右铭。

这里指的是夹在年长的哥哥姐姐与年幼的弟弟妹妹之间，即排行“中间”的孩子。

老大在老二还没出生之前，独占父母的爱，而身为家里最小的孩子则从出生起便备受宠爱。作为排行中间的孩子，是无法独占父母的爱的，因此会拥有强烈的竞争心态。阿德勒认为，排行中间的孩子必须设法凸显自己的存在，也就容易养成好胜的性格，也正因为如此，才能引起父母的关注。

此外，排行中间的孩子因为经常与兄弟姐妹竞争，在家中地位不太稳定的缘故，容易感觉“自己被漠视”“得不到关爱的眼神”“遭受不合理的对待”等，所以对于“不合理、不公平”的事也特别敏感，总是想着“自己必须争一口气才行”，因而容易变成具有攻击性、个性比较别扭的人。

排行中间的孩子由于有哥哥、姐姐这些明确的追赶目标，所以想法较为务实，也比较容易成为现实主义者。

家中有三个小孩时，通常排行中间的老二与老大的个性截然不同。如果老大很活泼，老二就比较文静，这是因为老二企图借由不同于老大的领域，凸显出自己的特色。

51

家中排行最小的孩子往往集三千宠爱于一身，
容易成为不努力不好强，
强调自己是个什么也不会，
还『永远长不大』的孩子。

家中排行最小的孩子和其他手足不一样，父母通常不会要求他们独立，也不会对他们说："好了，从今天开始你当哥哥（姐姐）了，自己的事情要自己处理。"所以，排行最小的孩子十分甘于保持这种"永远长不大"的心态。

很多时候，由于父母抱着"生完这个孩子就不生了"的决心，将所有的关爱给了最小的孩子，所以最小的孩子比较容易成为被宠坏的小孩。

像这样被宠爱长大的小孩一旦遇到问题时，比较不像老大、老二会想着"自己必须想办法解决"，而是借由强调自己的弱势与无能为力，依赖父母和其他手足帮忙解决问题。阿德勒认为排行最小的孩子很容易因此成为有行为偏差问题的小孩。

但也因为上头有哥哥姐姐的关系，排行最小的孩子比较擅长与人交际，而且在三位以上的手足彼此竞争时，排行最小的孩子往往会与老大结盟，共同对抗排行中间的孩子。

阿德勒认为不是所有家中排行最小的孩子都是习惯依赖和被宠坏的小孩，其中不乏表现得比哥哥姐姐出色、成为"人生胜利组"的例子。

52

独生子女往往深受父母影响，
而且由于没有兄弟姐妹的缘故，
不少人对于人际关系的处理感到很棘手。

独生子女因为没有竞争对象，独占父母的关爱与关注，不但容易被宠坏，还容易成为凡事以自我为中心的任性孩子，认为“自己备受注目是理所当然的”“向别人求助是理所当然的事，没有出手援助的人就是敌人”。

而且因为与父母关系亲密，往往深受父母的影响。譬如，父母个性比较多虑的话，孩子也会比较缺乏自信与安全感。

不少独生子女因为没有手足之间的争夺、吵架、要手段以及妥协等经验，对于人际关系中出现的问题感到很棘手。不过，由于身边多是大人的缘故，独生子女比较有长辈缘，但也因为如此，他们不太懂得该如何和同龄的小孩相处。

此外，独生子女身边都是大人，很容易觉得自己无法独立处理事情，于是对自己越来越没自信。独生子女习惯于依赖别人，反正与其自己亲手解决问题，不如拜托别人比较快，于是就故意凸显自己的无能为力，希望别人代为解决问题。

当然也有那种责任感强、非常独立的独生子女，这时父母必须帮助他们变得更有勇气才行。

53

孩子的一言一行之所以像父母，其实是有理由的。因为孩子借由模仿父母，试图得到父母的权力，结果就是拷贝父母的言行举止。

孩子之所以像父母，原因不仅仅在于遗传。孩子会无意识地模仿父母的一言一行，其实是有深层理由的。

第一个理由就是与父母结盟，可以向其他家人强调自己的存在。“那孩子跟爸爸真像”“这孩子很像妈妈”，借由这种认同与父母结盟，向其他家人彰显自己的存在，从而赢得自己在家中的优势地位。

孩子不只会模仿和自己感情亲密的父母，也会模仿与自己关系对立、互相厌恶的父母。这种情形就成了第二个理由，也就是孩子试图在冲突中得到父母拥有的权力。因为对孩子来说，严厉的父母是权力的象征，所以渴望在家中拥有权力的小孩会无意识地模仿父母，试图得到权力。

由此可知，无论是第一个理由还是第二个理由，目的都一样，即孩子模仿父母是为了让自己在家中具有优势地位的一种策略，而且是无意识地进行的。久而久之，孩子不但一言一行和父母很像，就连神情都变得很像。

54

孩子无法无视父母抱持的价值观，
不是全面服从、接受，就是彻底反抗。
所以明明身为警官的子女，
却为非作歹，就是基于这个理由。

父母抱持的价值观，被称为家族价值。家族价值是家族的理想，也是目标。譬如，“学历很重要”“男生要有男子气概，女生要有女孩子样”“勤勉至上”“金钱决定一切”等。

家族价值不单是父母都同意的观点，就算彼此没有达成共识，没有硬性规定，但一旦成为家中话题，就会成为一种家族价值。

孩子无法无视家族价值。很多时候，孩子不是全面服从、接受，就是彻底反抗。好比警官的子女面对“做人就该循规蹈矩”这种家族价值，通常会出现两种反应，一种是全面服从，严以律己；另一种是彻底反抗，为非作歹。同样，老师的孩子在学校表现不佳，也是彻底反抗的典型例子。

由此可见，家族价值深深影响着孩子的价值观，但必须注意的是，孩子的性格绝对不是依据父母的价值观，也就是由“因果律”决定的。而是孩子依照自己的意愿，决定服从或是反抗。别忘了每个人都具有“自我决定性”这种特质。

55

『听话的乖孩子』『爱撒娇的孩子』
『活泼的孩子』『容易害羞的孩子』……
孩子会拼命努力，
响应父母给自己贴上的标签。

“这孩子非常有责任感呢！”被母亲这么夸赞的孩子为了响应父母的期待，会不断督促自己“一定要非常有责任感”，甚至要求自己加倍“发挥责任感”，这么做只是为了响应父母给自己贴上的标签。不仅对于“非常有责任感”这种正面的标签如此，像是“爱撒娇”“活泼”“害羞”等标签也是如此。

孩子会努力响应父母的期待和贴在自己身上的标签，因为他们认为要是背叛父母的期待，也许就会被抛弃。此外，他们也会因为响应父母贴上的标签，受到周围人的关注，从而更加积极地响应。总之，孩子会努力响应父母的期待与贴在自己身上的标签。

然而，凡事过头都容易适得其反。当孩子“不想再背负任何责任”时，就会做出不负责任的行为，也会因为疲于当个“好孩子”而学坏。

由于这种结果不是父母期待的，所以父母会有一种“遭到背叛”的感觉。问题是，孩子之所以采取这样的行动，有时也是因为无法负荷父母的期待。因此，父母的期待以及给孩子贴上的标签，会深深影响孩子的人格发展。

56

阿德勒学派的心理咨询师，
是借由了解家族构成与童年，
来剖析现在的『性格』。

生活型态（性格）是人生的脚本，也是地图。人类会使用在幼年时期（十岁左右）完成的脚本与地图，一辈子不断重复同样的思维、情感与行为模式。心理咨询师为了帮助当事人消除身体与心灵方面的苦恼，必须先弄清楚当事人现在的生活型态。若存在偏差的部分，心理咨询师必须担任领航者，将当事人引导至正确的生活型态。

阿德勒学派的心理咨询师最重视的，是借由诊断当事人的生活型态，分析家族配置以及幼年时期的记忆，也就是回想早期回忆。关于家族配置的分析，就是弄清楚一起共度幼年时期的家人的年龄、职业、性格、身体状况、聪颖程度、社会地位，以及职业等。此外，还会标示彼此之间的感情好坏，推测当事者与父母、兄弟姐妹之间的相处情形，进而推断出当事者的生活型态（自我概念、世界观和自我理想）。

回想早期回忆并分析是一种非常有效的方法，也就是请当事人回忆三至六个最久远或者最深刻的记忆，进行分析。这时，即便记忆模糊或者过于极端，甚至造假也没关系，因为被修改或创造的记忆也有其意义，借此能够了解当事人现在的性格。

Everybody can do everything.

谁都能做任何事。

不能斥责，也不能称赞

关于『教育』的阿德勒名言

57

在被斥责、称赞中长大的人，
要是不被斥责、不被称赞，就不会采取行动。
于是，他们认为不评价他们的人，
都是敌人。

现在还有很多人相信“不是给糖吃，就是给鞭子”这种恩威并施的教育，也就是说他们认为用称赞和斥责交替的方式教育孩子才是正确的，其实不然。

若有人因为一句称赞就照我们的意思行动，那这个人肯定不是依自己的意愿行动。所以，一旦我们不再给予赞美，他就不会采取行动。也就是说，只要用赞美的言辞驱动过对方，一辈子都必须用这种方式来对待他。但是问题在于，对方只有在被我们看见的时候，才会采取行动；要是没被看见，就不会主动行动。

其实用处罚、斥责的方式防止对方采取我们不想看到的行动，得到的结果也是一样的。由于对方不是依自己的意愿停止行动，一旦没有强行制止，对方肯定会持续做出出格的行为，而且会在我们无法监视到的地方，做些令人伤脑筋的事情。由此可见，恩威并施的教育无法解决任何问题。

不仅如此，当对方习惯被称赞、斥责等手段操控时，一旦自己不受称赞时，就会视我们为敌人，责备我们“为何不称赞他”。所以，我们不能试图操控对方，因为这不是良性的教育方式，而且往往会适得其反。

58

斥责只能求得一时的效果，
不但无法从根本上解决问题，
还会夺走对方挑战困难的勇气，
使对方越来越我行我素。

“不可以！不能这样！”“要是再这样，就不给你点心吃！”斥责或许能迫使孩子暂时停止行动，威胁也可能暂时让孩子听从自己的意思行动，但“斥责”“处罚”“威胁”都只能求得一时的效果。这些试图纠正孩子不当行为的方法，其实大多会带来负面的影响。

一味叨念、斥责，只会使孩子丧失自信、深受伤害、失去勇气，甚至会夺走他挑战困难的勇气，只想逃避问题，做出更多不当的行为。同样，处罚与威胁的方式，只会使孩子心生怨恨，变得更难以沟通，以及越来越独断专行。

这种情形不仅限于亲子之间，在前辈对待后辈、上司斥责下属时也是一样的。一味斥责只会夺走对方的勇气，使对方变得更顽固，越来越我行我素，结果适得其反罢了。

然而，我们往往不懂得这番道理，误以为暂时的平息就是根本的解决之道，才会一直重蹈覆辙，采用“斥责”“处罚”“威胁”这样错误的教育方式。我们应该以对等视线进行良性沟通，不能因为一时的喝止产生效果而弃问题本质于不顾。

59

只要透过亲密沟通，
就能让对方明白自己的错误。
重要的是，这么做能建立起信赖关系。

“我知道‘不能斥责’，但无法矫正对方的不当行为时，究竟该怎么办才好？如何在不斥责对方的情况下，让对方明白自己的错误？”

面对这样的提问，阿德勒明确回答道：“没必要任何事都用斥责、处罚或威胁的方式解决，向对方简单地说明，进行亲密的沟通就够了。只要建立起信赖关系，对方就能接受。”

重点就是建立信赖关系。这么一来，便能让对方接受我们的说明和沟通，而且不能当对方一出现不当行为就当场点明，因为此时说话的口气与用语很容易让沟通变成责备，如同前面所说的，假借沟通之名的斥责绝对没有任何教育效果。

最好在对方出现不当行为之后，过一段时间，待气氛变得缓和时，再进行沟通。而且，沟通时要避免使用试图支配、操控对方的话语，例如“要是你能这么做，我会觉得很开心”“你要是做出这种行为，我会很伤心”等。只要坦白传达自己的感觉就行了，而且要等待对方依自己的意思改变行动。

60

一旦不当行为引人注目，
人们就会重复这种不当行为。
结果斥责一事，
就成了促使对方染上恶习的最佳训练方式。

孩子只是将手靠近鼻子，便遭到父母斥责："不要挖鼻孔！"如此一来，孩子下回一定会挖鼻孔。"不是跟你说不能这样吗?!"像这样，父母看到就马上斥责的结果，就是在让孩子染上挖鼻孔的恶习。其实，孩子不是恣意养成习惯，而是由于父母斥责一事，导致他养成了挖鼻孔的不良习惯。

斥责无疑是促使一个人染上恶习的最佳训练方式，也是最有效的方法。孩子不断重复能引起父母注意的事，而且一旦得不到父母的正面评价，就开始做些会招致负面评价的事。因为孩子最怕被父母漠视，被漠视还不如讨骂挨，至少还能引起一些关注。因此，孩子遭到父母斥责时，反而会觉得开心，也就继续挖鼻孔的恶习了。事实上，这种情形不仅限于亲子关系之间。

制止对方不当行为的方法，就是即使发现也不要当场戳穿，更不要出声责备。待对方不再出现不当行为时，关注与认同对方的恰当行为，才是最好的方式。

一味着眼于对方的不当行为只会适得其反。不仅如此，即使在微不足道的小事上，也要关注对方做出的恰当行为，这才是教育者应有的姿态。

61

不要总是和别人比较，
即便只是微不足道的小事，也要找到他的长处，
让他发现自己的优点，这才是最重要的事。

“你看看隔壁的A君！人家那么乖！和他比起来，你真是太不像话了！”“看你妹妹多么乖！你这个做哥哥的却不听话，要向妹妹看齐才行呀！”

为人父母教导孩子时，习惯以周围的孩子或兄弟姐妹为例进行比较，试图树立个“模板”，让孩子自惭形秽，从而达到惩处的效果。

其实，这么做一点积极的效果也没有。因为比较一事，只会让孩子丧失自信，内心也会因此受伤。当自卑感越来越膨胀时，为了弥补内心的自卑感，孩子会朝错误的方向发展，并且在绝大多数情况下，都会导致不当行为的出现。

父母在孩子之间做比较，不但无法制止孩子的不当行为，反而会引发更多不当行为的出现。此类问题不限于亲子之间，像前辈与后辈、上司和下属之间也会发生。我们一定要戒掉总是拿他人来比较的习惯。

最积极正面的做法是找到对方的长处，哪怕只是在微不足道的小事上，让对方发现自己的优点才是最重要的。认同对方的优点，并鼓励对方创造更多的优点。假如真的要比较，那就将过去和现在的他进行比较，然后称赞“蜕变”后的他。

62

人只能透过失败来学习，
借由失败的经验，
守护自己『想要改变』的决心。

阿德勒心理学主张的教育方式，非常重视“体验结果”。假设孩子不肯收拾玩具，就算用斥责、威胁的方式逼迫他收拾几次，到头来他也不会记得主动去收拾玩具。

事实上，采取放任不管的态度，反而更有效果。当孩子尝到找不到玩具的痛苦时，就会明白收拾玩具的好处，学习到收拾玩具远比找玩具轻松多了。

然而，对于家长来说，放任孩子不收拾玩具是一件难以忍受的事。建议家长准备一个大整理箱，可以将孩子散落四处的玩具和衣服全部塞入箱子。这么一来，不但地板保持整洁，大人也会感觉轻松多了。之后，孩子就会体验到从东西塞成一团的箱子里找玩具的辛苦，自然也就明白收拾的重要性。

这种“体验结果”的方法不限于亲子教育，在大人身上也适用。因为人是透过失败来学习的，所以适度的放任很重要。比起担心一次、两次的失败，而不愿放手让孩子自己摸索学习，学会故意让孩子尝试失败的心态其实更重要。

不是因为做得到而放手，而是因为放手才做得到，阿德勒的教育观点也适用于成人。

63

体验结果的方式，
远比处罚来得有效。
要是到了吃饭时间，孩子还在外头流连忘返的话，
不必斥责，没收他的晚餐就行了。

明明说好六点一定要回家吃饭，有些孩子却总是玩到忘乎所以，母亲不仅要把饭菜再热一次，还得再洗一次碗盘。对此，孩子觉得无所谓，依旧不准时回家吃饭。这时，大多数母亲除了斥责孩子之外，再无更好的方法。其实，只要让孩子体验结果，不必强制，孩子也会自愿遵守规矩。

阿德勒的得意门生鲁道夫·德雷屈尔，给了有这种烦恼的母亲以下建议："要是不遵守吃饭时间，就不给饭吃。和孩子约法三章，遵守约定就对了。如果孩子晚归，问母亲：'妈，晚餐呢？'母亲只要回答：'因为你没有遵守约定，所以没收了你的晚餐。'"

这是另一种让孩子体验结果的方法，有别于前面提到的"自然结果"。这种方法不仅适用于孩子，对大人应该也很有效。好比假如没有严格按照交货日期交货，就要换人做做看等。此外，这种方法在职场也很适用。

然而，如果约定过于严苛、不近情理，只会让对方认为这是一种"处罚"而非约定。此外，让对方体验结果时，切忌在一旁唠叨，这也会让对方觉得是一种"处罚"。用体验结果的方式代替处罚，这就是阿德勒主张的教育方式。

64

『这孩子的反应比较慢……』

母亲擅自解读孩子的心思，

结果就是孩子认为自己没必要发表意见，

以致真的成为反应比较慢的孩子。

父母怕孩子受苦，总是忍不住帮他们一把，但这么做只会让孩子养成依赖的心理，这会成为父母教育孩子上的一大阻碍。

为人父母当然要呵护孩子，但呵护与溺爱是不一样的，溺爱只会夺走孩子独立完成一件事的机会。“你不会做啦！我帮你就行了。”这样做就是在剥夺孩子获得成长与学习的机会。

“这孩子要是没有我，什么也不会……”借由孩子依赖自己一事，父母可以抬高自己存在的意义与价值，但也会导致孩子成了“要是没有父母的协助，自己什么也不会”的一味依赖父母的人。当然，这种情形也会发生在其他关系中，比如凡事亲力亲为、不懂得放手的上司，只会调教出无法独当一面的下属。

教育就是让对方学会独立解决问题，所以绝对不能让对方养成依赖的习惯。溺爱也只会让对方变成寄生虫，失去独立解决问题的意愿与能力。

父母应该给予孩子独立解决问题的机会与勇气，而不是替孩子解决他们必须面对的问题。

65

当你对自己的教育方式感到迷惘时，不妨问问自己：

『对方透过这种体验能学到什么？』

这么一来，一定能找到答案。

譬如，你明明和孩子这么约法三章：“要是不收拾玩具，下次就不准玩。”对此，孩子也表示同意。结果，到了实施时，孩子不但不遵守约定，还因为不能玩玩具而哭闹，吵得别人不得安宁。此时，你十分犹豫到底要不要打破约定，比如买新玩具来安抚孩子。那么，究竟该怎么办才好呢？

这时，不妨问问自己：“对方透过这种体验能学到什么？”从这个例子来看，如果打破约定，买玩具安抚孩子，恐怕孩子学到的是“虽然没有遵守约定，但哭闹一下就能得到原谅”。由此可见，父母的处理方式显然给了孩子错误的诱导。因此，这个时候，不应该买玩具安抚孩子，但是也不必责骂，而要面露微笑地对孩子说：“你不能玩，妈妈也觉得很可惜，所以我们下次要一起收拾玩具！”

这种方法是连大人也适用的“通用法则”。当我们对自己的教育方式感到迷惘时，不妨问问自己：“对方透过这种体验能学到什么？”这么一来，我们就能找到自己该如何处理问题的答案。

There is one single and essential point of view which helps us to overcome all these difficulties; it is the view-point of the development of the social feeling.

能够解决任何问题的整合性观点，

就是发展为共同体感觉。

对他人有贡献是让自己幸福的唯一方法

关于『共同体感觉』的阿德勒名言

66

你要重视的不只是自己的利益，
还有伙伴的利益。
『施』比『受』更有福，
这是得到幸福的唯一方法。

阿德勒和他的得意门生鲁道夫·德雷屈尔，都一再强调拥有“共同体感觉”的重要性。为什么呢？因为这是从烦恼中解脱、得到幸福的唯一方法。

所谓共同体感觉，就是由“对他人有贡献”形成的。找不到安身立命之所是一件非常可悲的事，而且就算你再怎么发牢骚，也没有人会出手相助。既然如此，就自己来打造吧。首先，必须从“对他人有贡献”做起，从中收获他人的感谢之情，也得到他人的回馈与支持，进而在社会中打造出自己的安身立命之所。

阿德勒主张的共同体感觉，其概念与基督教等宗教以及当代自我启发论极为相近。阿德勒心理学一直被过去的心理学家批评“不科学”，但要想拥有健全的人际关系、健全的人生，绝对不能缺少共同体感觉。

阿德勒的概念在当代心理学中，早已成为“常识”，这也是之所以“阿德勒的思想是超越时代一个世纪的先驱”的理由。

如果你觉得“找不到自己的安身立命之所”，不要愚昧地要求“周围的人理解你”，而要主动对周围的人有所贡献。这么一来，一定能找到自己的安身立命之所。

67

总得有人带头才行。

就算没人在意，也没人认同，

总之，『由你』开始做起就对了。

在阿德勒之前的心理学界，影响力最大的当属弗洛伊德，这两位所持的理论可谓截然不同。“为什么必须爱邻人？”“我的邻人爱我吗？”弗洛伊德的心理学，是从探讨在溺爱中长大的孩子的理论开始。与弗洛伊德不同，阿德勒则从成熟大人的理论着手。

阿德勒认为：“‘为什么必须爱邻人？’‘我的邻人爱我吗？’会这么问的人，无法进行协力合作的训练，因为他们表露出只关心自己的心态。他们的人生之所以失败，一切都是因为只想到自己。”

阿德勒还提到各种宗教的教义其实与他主张的共同体感觉十分相似。阿德勒曾说：“我赞同所有活动与努力的最终目标，就是人们协力合作。我对于现今能用科学方式来佐证这种思想的价值，十分感兴趣。”

阿德勒的教导与基督教教义存在十分相近的部分。“总得有人带头才行，就算没有别人的协助也没关系，由你开始就对了。”也就是说，“就算邻人不爱你，你也要爱邻人如爱自己”。我深感此论点是求得挣脱一切痛苦的箴言。

68

『别人会向我伸出援手。』

『我对别人有贡献。』

『我是伙伴之一。』

这些感觉都能让你挣脱困难的束缚。

“共同体感觉”可以说是阿德勒心理学的中心思想。阿德勒认为：“阿德勒心理学的实践目标就是‘共同体感觉’的养成，只要发展‘共同体感觉’，就能挣脱一切困难的束缚。”“共同体感觉”由以下三个要素构成。

1. 人们会向我伸出援手＝信赖他人；

2. 我对人们有贡献＝信赖自己；

3. 我在共同体中找到安身立命之所＝归属感。

而且，信赖他人与信赖自己有相互的因果关系，正因为感受到人们会向我伸出援手，我才能对他人有所贡献。如果感觉人们都与我为敌的话，我可能会因为过于恐惧，很难做出任何对他人有贡献的事。为什么呢？因为害怕别人拒绝我的善意，害怕因此受到伤害。

换个角度看，也是如此。如果感觉我对人们有贡献，就有自信做些对他人有贡献的事。相反，如果不信赖自己，就会觉得自己无法做任何对他人有贡献的事，也就不敢迈出第一步。

那么，感觉不到信赖自己与信赖他人的人，该如何是好呢？答案如同前面讲的，从你开始做起就对了。不求回报，不求别人的认同，从自己开始做起。

69

你是否满脑子只想着自己的事？
掠夺、支配、逃避一切的人，
是无法得到幸福的。

阿德勒于1933年发表了以下主张，以“共同体感觉”高的人和低的人为纵轴，以活动力高的人与低的人为横轴，分为四大象限。两者都高的人就是“对社会有贡献的人”，也是最健全的类型。从这个理论来看，没有人共同体感觉高、活动性却低，另一方面，共同体感觉高的话，一定会伴随着活动力高。

此外，共同体感觉低的人，又分为两类。一类是活动力高的人，这种人会成为“支配者”，“大力”进行“凡事先想到自己”的活动，并想象自己支配别人的模样。事实上，这么做只会让自己越来越孤立，人生绝对不会顺遂。

另一类是共同体感觉以及活动力都很低的类型，这种类型又可以细分为“凡事先想到自己”与“不活动”两种。前者是“掠夺者”（Getter），也就是视掠夺别人为理所当然的事，丝毫不知感恩，甚至怨恨不支持他的人。可想而知，这种类型的人无论是人际关系还是人生都不可能顺利。

另一种类型是“逃避世事的人”，由于共同体感觉低，人际关系较差，觉得处理人际关系很麻烦，宁可躲在自己的象牙塔里，精神疾病患者就属于这一类。

终上所述，除非提升我们的共同体感觉，否则无法过上幸福的人生。

70

一旦觉得没有了容身之处，
精神方面就容易出状况，人甚至容易酗酒。
只要做些对别人有贡献的事，就能确保安身立命之所。

犯罪者、精神疾病患者、酗酒之人、性观念存在偏差者、自杀者……乍看之下，这些人各有其不同的问题，但阿德勒一语道破了“玄机”：他们的问题根源只有一个，那就是缺乏“共同体感觉”。

这些人凡事都先想到自己，感受不到别人的支持，觉得自己被社会孤立，才没了安身立命之所，所以他们通过实施各种偏差行为，寻求心理上的补偿与慰藉。阿德勒得出了这样的论断：“若能让他们发展共同体感觉，便能挣脱一切困难的束缚。”

犯罪者通过欺骗社会与愚弄公权力，得到优越感，这是在缺乏共同体感觉的情况下，为了在社会中寻求安身立命之所而引发的行动。精神疾病患者博取周围人的同情，得到“因为有病在身，也是没办法的事”这张免罪牌，替自己得到“要是没有生病就能做到”的借口。这也是出于缺乏共同体感觉，为了找回安身立命之所的缘故。

各种偏差行为的根源，都是无法随着提升共同体感觉去得到“在社会中的安身立命之所”，而拼命采取的挽救行动。问题在于，他们获得的并非真正的安身立命之所，所以势必迫使自己走到尽头。

71

『因为在工作上遭受挫败，所以不想工作。』

『因为在人际关系上遇到挫折，所以无法与人打交道。』

——这样的人生简直糟糕到极点。

有些人认为，避免失败与挫折最切实可行的方法就是不挑战，避免在职场上输给对手的最佳方法就是不上班，避免被异性甩的最有效方法就是不告白……只要不与人打交道，就不会受到伤害。比起人际关系上的受挫，不如一个人落得轻松自在。问题是，人只能在人群中感受到幸福。就算在无人岛上开名车、住豪宅，也感受不到幸福。

工作的任务、交友的任务、爱的任务……人生就是必须面对一连串的任务。唯有鼓起勇气挑战任务与达成任务，才能尝到幸福的滋味。达成这些人生任务的必备利器，就是克服困难的活力，也就是好比汽油的“勇气”，以及赋予方向的“共同体感觉”，只要拥有这个利器，一定能达成所有任务。

工作的任务只能依靠对任何客户都能有贡献来达成，交友的任务要依靠对朋友有贡献以及对于朋友的信赖来达成。爱的任务则是必须进一步加深两者之间的关系，才有可能达成。这么一来，就能找到称为归属感的容身之地，拥有沉静的心。

72

绝对不能侵犯对方的权利。
若能尊重对方的权利，交由对方决定，
就能信赖自己、信赖他人。

父母与孩子、上司与下属、前辈与后辈，即使存在上下从属关系，但要是侵犯对方的权利，一定会引发对立冲突。像是父母命令孩子收拾房间，孩子不但不听话，还会顽固地拒绝收拾。这时，只会引发亲子之间宣示权力的斗争。同样，上司与下属、前辈和后辈之间也会爆发类似的冲突。

一旦采用强制的方法，就会引发对立与围绕权力进行的斗争。其实只要交由对方自己做决定，并尊重对方的权利，就能消除对立关系，对方也能冷静地做出判断。经过一番冷静的思考之后，若对方觉得必须收拾的话，就会出于自愿进行收拾。

倘若发生反复的强制与对立，对方不但无法培养出共同体感觉，反而会因为遭到斥责与强制，加深自卑感，失去自信心。另一方面，强制也会迫使你将对方视为敌人，变得不再信赖他人，最终导致自己失去在社会上的容身之地。

如果父母与上司懂得交由孩子与下属自己做决定，尊重对方的权利，孩子与下属就会信赖自己，也会信赖他人，找到自己在家庭、组织、社会上的容身之地，进而开始培养出共同体感觉。

73

不是称赞对方：『你做得很好！』
而是向对方表达感谢之意：『谢谢你的帮忙。』
只要让对方体验到被感谢的喜悦，
就能使他自发性地持续做些对别人有贡献的事。

基本上，培养共同体感觉的第一步就是停止强制行为，增加受到他人尊重的体验。

父母和老师要想提升孩子的“共同体感觉”，必须从帮助孩子积累信赖自己、信赖别人的体验着手。具体来说，就是向孩子请求协助，然后表达感谢之意。

无论是谁，受到别人感谢都会很开心，初次收到由于自己的贡献而回报的谢意，不但会感受到自己的价值，懂得信赖自己，也会对别人产生信赖感，学会信赖别人。

“感谢”和“称赞”不一样。比如，孩子帮忙收拾时，你对他说一句“谢谢，你真是帮了大忙呢”和说一声“你做得很棒”相比，孩子获得的感受截然不同。“感谢”是一种平行的视线，“称赞”则是一种俯瞰的视线，就像新进员工不可能对老板说“你做得很棒呀”，要是这么说，老板肯定勃然大怒。为什么呢？因为“称赞”是一种俯瞰的视线，是以“原先并不看好”的感觉为前提。

比起“称赞”的俯瞰视线，“感谢”的平行视线更能增强信赖自己与信赖别人的效果。增加贡献与感谢的体验对培养共同体感觉而言至关重要。

74

让他人感受到喜悦，
是摆脱痛苦的唯一方法，
只要思考『自己能做些什么』，然后付诸行动就对了。

深受精神疾病、失眠困扰的患者问阿德勒：“如何才能摆脱痛苦？”阿德勒回答道：“让别人感受到喜悦，思考‘自己能做些什么？如何才能让他人感受到喜悦？’然后再付诸行动。如此一来，就不会再悲观、失眠，一切问题也能迎刃而解。”

身为解说者的我，运用记事本亲身实践了这个理论。我每天翻阅记事本，列出自己能带给周围人喜悦的事，然后提醒自己逐一实践。记事本里将周围的人分成“家人”“朋友”“同事”与“客户”，然后每天早上列出“让对方喜悦的方法”，并尽力付诸实践。因为再也没有比让对方喜悦、收到感谢的心意更幸福的事了。如此一来，就能找到自己在社会中的容身之地，提升共同体感觉。

此外，积累小小的善行也很有效。像是顺手捡起掉在路边的空罐子；给老弱妇孺让座；乘坐电梯时，礼让他人；聚会时，不要光顾着讲话，也要附和别人……将对方看得比自己重要，便能提升共同体感觉，也会更靠近幸福一步。

75

与你意见相左的人，
不是想要批判你。
产生不同声音是理所当然的事，
也是意义所在。

阿德勒认为提升共同体感觉，与基督教的教义“拥有邻人之爱”十分相似。拥有邻人之爱的意思，不是“因为邻人爱我，所以我也爱邻人”，而是“就算邻人不爱我，我也爱邻人”，意即拥有不求回报的爱。

不只不求回报，还必须接纳与自己不同的意见、价值观。“只爱与自己有相同意见、价值观的人”，抱持这种态度的人，不可能提升共同体感觉，因为价值观因人而异，意见当然相左。

我们一听到与自己不同的意见，就觉得自己遭受批评，心里不舒服，容易做出反抗与竞争的反应，但这么做并无法提升共同体感觉。我们应该接纳不同的意见，正因为有不同的意见，才有意义。

同样，我们不能强迫别人接受自己的意见，要认同他人的不同看法，理所当然地接受不一样的声音。在这种观念之下，人自然能提升共同体感觉，确保自己的安身立命之所，让自己更幸福。

76

认同、接受自己的不完美，
认同、宽待对方的不完美。

如同前面所述，接纳不同的意见，不强迫他人接受自己的意见，这是提升共同体感觉的具体方法。同样，认同对方与自己的不完美，这也是提升共同体感觉不可或缺的具体策略。

我的朋友A先生说他参加B先生的婚宴时，对于不顾礼节、大声喧闹的朋友十分不满。A先生觉得婚宴是新人的场子，身为宾客不该喧宾夺主，但其他友人似乎不这么想。于是，A先生提醒他们别忘了应有的礼节，但他们只是敷衍响应："好啦！知道啦！"行动上却依然照旧。A先生非常不以为然地冷眼看着这群人，试图用眼神责备他们收敛一点。

A先生的出发点固然是好的，但他强迫别人接受他的意见，也就违背了共同体感觉。虽然大肆喧闹的友人做得不对，但公然指责他们的A先生也有错，所以只能说彼此彼此。

若不能宽容对待那群人的不完美，便无法提升共同体感觉。不完美也没什么不好，这样才有人味，也是可爱之处，我们随时都该保有这种宽大的胸襟。

77

不是『信用』，而是『信赖』。
所谓信赖，就是没有任何保证与担保就相信对方的行为。
纵使可能遭到背叛，还是选择相信。

你听到“信用××”，会联想到什么呢？应该多半会联想到“信用交易”“信用金库”（日语词，相当于中国的信用合作社）等金融方面的词汇吧。那么，如果将“信用”替换成“信赖”呢？例如“信赖交易”和“信赖金库”，是不是觉得有些不协调呢？

为什么觉得不协调？因为“信用”和“信赖”的意思明显不同。“信用交易”是指一个人的存款余额、拥有的资产、过往的事务历史记录以及担保等，而且要有“保证”才能进行交易。也就是说，“信用”是以保证与担保作为交换，让对方相信的意思。

“信赖”和“信用”不一样，没有任何保证与担保就相信对方的行为，被称为“信赖”。所谓没有任何保证，是指可能会遭到对方背叛。是的，即便如此还是选择相信，这就是信赖。

阿德勒主张的共同体感觉是以“信赖”为基础的。信赖自我，信赖别人，没有任何保证，即使可能遭到背叛，还是从选择相信开始。基本上，一旦怀疑对方，便无法建立信赖关系，所以要无条件地相信。

信赖关系也必须由你开始做起，这是通往幸福之道、提升共同体感觉的方法。

78

就算感受到『自己是有价值的』，
也不必期待对方的感谢与赞美，
因为贡献感停留在『自我满足』就行了。

提升共同体感觉是为了感受“贡献感”，也是提升自我信赖不可或缺的要素。但不必期待对方的感谢与赞美，这是因为就算没有人注意到，也可以感受到“贡献感”。

这是一种自我满足。“虽然没有得到他人的认同，但自己做了对的事，也帮助了他人。”这就是感受“贡献感”的正确态度。要是因为没受到对方的感谢与评价，就感受不到贡献感的话，就表示你常常依赖对方。一旦没受到对方赞美就生气，甚至要求对方表达感谢，这绝对不是真正的贡献感。真正的贡献感不需要依赖对方给予什么，停留在“自我满足”就行了。

日本的政治家西乡隆盛有句名言：“不以人为对象，而是以天为对象，尽己之力，不怨天尤人，扪心自问诚意足否。”不求他人的认同与感谢，就是以天为对象，找到身为人的正途，身体力行，这个道理与阿德勒的教导不谋而合。此外，儒家的经典《大学》中有“慎独”之说，也是教导人不要在乎他人的目光，就算得不到他人的认同，也要坚持做对的事。由此足见关于通往幸福的路，东西方的理念是一致的。

79

不知如何判断时，
优先考虑最大团体的利益就对了。
比起自己，伙伴的利益更重要。
比起伙伴，社会的整体利益更重要。
这样就不会做出错误的判断。

阿德勒主张的共同体感觉中的“共同体”，不是指某个特定的组织，而是一种抽象概念。将此应用于日常生活中，进行具体思考时，或许会萌生困惑：“意思是，优先考虑公司就行了吗？”其实，共同体这个抽象概念不限于公司，还包括家族、地域、社会，甚至国家、世界，以及动植物生存的宇宙等。权衡各个方面的利益时，答案肯定不一样。

比如，商品出现瑕疵时，若要全面回收，企业肯定会受到极大的冲击，除了回收费用和库存报废的直接性损失外，信誉、销量与利润等都会随之大幅下滑。这时，企业一定会犹豫是否要坦承管理上有疏忽和失误。然而，若是从比企业更庞大的组织，也就是社会的整体利益来考虑，马上就能明白尽早开诚布公才是上策。

阿德勒认为遇到个人、公司、社会等各种共同体的利益各异时，我们只要优先考虑最大团体的利益，就不会做出错误的判断，这才是真正的共同体感觉。总之，只考虑个人利益，容易做出错误的判断。

80

不必努力得到不讲理的上司以及老师的认同，
只要当个『市值高』的人就行了。
只要以最大共同体为轴心来思考就对了。

提升共同体感觉是变得幸福的唯一方法。有些人误以为这么做就必须舍弃自己的想法，迎合上司与公司，其实不然。

我常被问道："我的上司很不讲理，若要得到他的认同，岂不是非得逼自己做出错误的决定吗？"我回答道："没这个必要，只要回答他，你们的想法截然不同就行了。"因为和不讲理的上司以及老师唱反调，绝对不会违反共同体感觉。

如同前面讲的，共同体中不是只有公司、学校，也包括广阔的世界与国家。所以，阿德勒认为当一个人不知如何判断时，以最大共同体为轴心来思考就对了。以前面的例子来说，你要得到的不是不讲理的上司以及老师的认同，而是世人的认同，所以让自己成为别家公司"想挖墙角"的人就行了。如果被总是与自己唱反调的公司或学校排挤，表示你从一开始就不该待在那里。

不过，我们也不要忘了要以目的论来思考的原则，之所以觉得对方不讲理，也许是因为你早就萌生了"离开"这个目的。希望你能明白这一点，冷静判断共同体对自己的意义。

The aim of Individual Psychology treatment is always to increase an individual's courage to meet the problems of life.

阿德勒心理学的治疗目标，

就是增进个体的勇气，去面对人生诸多问题。

拥有克服困难的勇气

关于『勇气』的阿德勒名言

81

『勇气』就是克服困难的动力，
缺乏勇气的人，一遇到困难，
就会坠入人生的黑暗深渊。

人活着，就会遇到困难。工作的任务、交友的任务、爱的任务……各种困难接踵而至。借由困难，考验我们的共同体感觉，考验我们身陷困难时，是否还拥有“关心对方，优先考虑对方”的共同体感觉。我们每天都在接受这样的考验。

阿德勒将这种克服困难的动力，称为“勇气”。只要有勇气，就不会失去共同体感觉，能抱持共同体感觉克服困难。一旦缺乏勇气，就会失去克服困难的动力，选择逃避，选择舍弃共同体感觉，选择轻松的路，逃向人生的黑暗深渊，结果就是沦为犯罪者，或酗酒、患上精神疾病等。

遇到任何人都会面临的困难时，就像站在人生最大的分岔口，你是选择面对困难，抱持共同体感觉，克服困难呢？还是舍弃共同体感觉，选择逃避，坠入黑暗的深渊？两者的差别就在于是否拥有“勇气”，而“勇气”决定你的人生。

那么，我们究竟有多大的“勇气”，又能带给周围的人多少“勇气”呢？

82

人只有在觉得『自己有价值』时，
才会感受到『贡献感』，
才能够拥有勇气。

阿德勒曾以自身的体验为例，这么说道：

“我只有在觉得自己有价值时，才拥有勇气。”

“也只有在觉得自己的行动对于周围的人有贡献时，才觉得自己有价值。”

也就是说，人只有在觉得对他人有贡献时，才拥有勇气。

这么一想，就能明白我们要做些什么，才能带给周围的人勇气。像是对周围的人说一声“谢谢”“多谢你的帮助”，便能带给周围的人勇气。

阿德勒最重视“共同体感觉”与“勇气”，两者都是从自己的“贡献”开始。然而，失去勇气的人搞不好连做贡献的能量都枯竭了。对于这种人来说，周围的人“给予勇气”的行动，就像用手拨动直升机的螺旋桨，借由不断传达“谢谢”“多谢你的帮助”等谢意，让他学会依靠自己的力量转动螺旋桨。

唯有自己主动对他人有贡献，内心才能真正感受到来自他人的“谢意”。

83

不为他人的评价所左右，
接受真正的自己，
拥有接受不完美的勇气。

阿德勒认为“勇气是共同体感觉的另一面”。勇气就是即使面临困难，也不放弃“关心对方”“优先考虑对方”的意念，用动力解决问题。相反，缺乏勇气的人面对困难时，一定会“以自己为优先考虑”，舍弃共同体感觉。

满脑子只想着自己的事，非常在意他人的评价，就是缺乏勇气的人。因为比起对他人有贡献，他们更在乎他人的眼光。相较于此，拥有勇气的人不会在乎他人的评价，就算得不到赞美与认同，也会因为对他人有贡献而感到满足。

带给对方勇气，就是告诉对方不必在意他人的评价，也不必刻意做些掩饰自己的行为。让对方明白“别人怎么想都没关系，你只要做自己就行了”，就是在为对方增添勇气，这和鼓励他拥有勇气接受自己的不完美是一样的。

因此，绝对不能向对方提出像是“只要做到这件事，我就认同你”“要是办不到，就不认同你”之类的条件，接受并认同真正的对方，就是带给对方勇气。

84

称赞对方不是一件好事。
因为赞美等同于向对方传达：
『你不如我』『反正你不可能做得到』
这种意思。

我有一位出版过十本以上著作，也是知名讲师的朋友，某天收到读者寄来的一封信，信上称赞道："你的文章写得很好！"这让他感到极为不舒服。为什么呢？因为称赞这个行为的前提，有着"反正不可能做得到吧"这种预想。

要是认为对方一定做得到，就不会称赞对方，因此称赞一事就像在向对方说："以为你一定不行，没想到你做得很好！"称赞是一种由上往下，以上对下的关系。没有人喜欢被他人看不起，称赞的行为对于想奋发自立的人来说，无疑会起到一种消极的作用。

称赞是俯瞰的视线，带给别人勇气则要用平行的视线。以前面的事情为例，如果那位读者不是称赞我朋友，而是带给我朋友勇气，就不会用"文章写得很好"来称赞他，而是以"读了您的著作之后，心情轻松许多，谢谢您"来表达感谢的心意，搞不好我的朋友会因此感受到贡献感，让他变得更有活力，更有勇气迎向困难。

不称赞，而是带给对方勇气，这种思维十分适用于亲子教养以及企业培育人才。以平行的视线代替俯瞰的视线，就能带给对方勇气。

85

不要指责对方的失败与不成熟，
也不要因为对方做不到就全盘否定，
因为这么做，只会夺走对方的勇气，
剥夺他靠自己克服困难的机会。

“不对！不是这样！”“算了！我来做！”一边指责对方的失败与不成熟，一边否定对方，这是挫伤他人勇气的典型方法。

就算对方因为不熟悉而犯错，在你指责的瞬间，就已经挫伤了他的勇气。由于你的指责，让对方感受到自己的无能并心生自卑。指责的一方则是在不知不觉中，彰显出自己的优秀，从中感受到优越感。这么做只会使对方丧失勇气，即失去克服困难的动力。

对方之所以做不到，是因为现阶段的能力不足，但是能力不足不能与一个人的价值画上等号。因此，必须避免使用会让对方感觉自我价值遭到否定的字眼。况且能力不足只是一时的，将来还是有提高的可能性，但挫伤对方的勇气，等于向想挑战困难的对方，狠狠泼了一桶冷水。

我们很容易无意识地挫伤他人。只有避免剥夺他人的勇气，才能使其拥有勇气。

86

人的心理与物理学不同，
追究出现问题的原因，只会剥夺别人的勇气。
应该将焦点放在如何解决以及是否有解决的可能性上。

阿德勒曾说："在学校中，孩子们都曾被挫伤勇气，学校和老师必须帮助被挫伤勇气的孩子找回自信。"

所谓挫伤勇气的行为，就是找出问题，否定对方，即以追究原因为名义，责备失败者。

父母、老师与上司往往以"为了你好"为出发点，做出挫伤他人勇气的行为。借由指责孩子与下属的过错与无能，弄清问题的"原因"，再来思考对策。他们往往将自己学过的"物理学"法则套用在人类心理学上，作为解决之道。

然而，物理学与心理学是截然不同的学术领域。物理学讲求的是工厂的制作流程正确与否，这种理论不适用于人类。探究原因最终只会让孩子与下属看到自己不好的一面，因而丧失勇气。被挫伤勇气的他们最后会选择放弃挑战困难，逃避人生课题。

想要带给对方勇气，必须进行心理学式的探究。此时，应该将绝大部分时间花在思考如何解决以及是否有解决的可能性上，而非一味追究出现问题的原因，这也是带给对方勇气的方法之一。

87

人的行为中有 95% 是正确行为，
但我们往往视之为『理所当然』，
而忽视这些行为。
千万不能着眼于仅占 5% 的错误行为。

在我迈入职场的第三年，一直很在意一件事，那就是上司为何从来不夸奖下属，但下属只要有一点闪失，就会被放大，并进行检视与责备。

记得那时我负责制作企划经营会议上要报告的资料，通常都是由我将整理好的数据拿给上司过目，在上司确认、修改之后，再用于会议上讨论。我提交的数据绝大多数情况下都是七至八成没问题，只有二至三成需要修改。

即便如此，上司从来没有针对那七至八成的部分称赞过我，只会批评需要修改的部分，我对这件事始终耿耿于怀。我认为在批评之前，若能针对表现良好的部分给予鼓励与认同的话，能提升下属的干劲与活力。

大多数父母与上司都像我跟随过的这位上司一样，只着眼于二至三成不足的那部分，而无视七至八成值得称赞的那部分，这样做只会挫伤一个人的勇气。其实值得称赞的部分已经很多了，只要能注意到值得夸奖的部分，就能带给对方勇气。

88

不是『阴郁』，是『温柔』。
不是『反应慢半拍』，是『谨慎』。
不是『老是失败』，是『面临许多挑战』。

“我的个性很阴郁……”“我老是被别人说反应迟钝……”这个世上有很多像这样看轻自己、自我否定的人。同样，也有很多使下属与孩子的勇气受挫的父母与上司存在。其实，只要改变看待事物的角度，就能将缺点变成优点。即使当事人毫无改变也没关系，只要换个角度看就好。

不是“阴郁”，是“温柔”。

不是“反应慢半拍”，是“谨慎”。

不是“性急”，是“敏捷”。

不是“多嘴”，是“亲切”。

不是“感觉迟钝”，是“拥有自己的世界”。

不是“老是失败”，是“面临许多挑战”。

只要改变观点，世界就会骤然改变。请从不同角度看待否定自己和他人的话语，并活用这些话语。光是这样，我们就能让受挫的勇气转变为自己带来勇气，由此可见带来勇气一点都不难。

89

重要的是『共鸣感』。
『共鸣感』就是用对方的眼睛看，
用对方的耳朵听，用对方的心感受。

带给对方勇气时，最重要的是要与对方有“共鸣感”。但我们常常误解共鸣感的意思，以为共鸣感就是寄予同情：“好可怜呀！一定很辛苦吧……”像这样将自己的感觉强加给对方。

其实，共鸣感说穿了，就是关心对方。一味寄予同情的人，不是关心对方，而是关心自己，只是将自己的关心套用在对方身上，这就是失败的开始。

对共鸣感再详细一点进行定义的话，就是关心对方所处的情况、思考方式、意图、情感等。阿德勒做了一个非常浅显易懂的解读：

“共鸣感就是用对方的眼睛看，用对方的耳朵听，用对方的心感受。”

但这不是简单的事。我们往往告诉自己要有共鸣感，却做出完全相反的行为，结果就是“用自己的眼睛看，用自己的耳朵听，用自己的心感受”，并反过来要求对方。

“是否将自己的观点强加在对方身上了呢？”常常这么问自己，就能避免这种疏忽。

90

用以『我』为主语的请求语，
取代命令的口气，
光是这样就能带给对方勇气。

“这个拿去影印”“记得给我发邮件”等话语，乍听之下还很客气，但其实与“命令的口气”无异，因为这些话在对方听来，有一种“没有选择余地”的感觉。用“命令的口气”说话，只会让对方觉得“自己的立场与状况不被尊重”，不但会萌生不快，甚至会感觉勇气受挫。

同一件事，只要改用“请求的口气”，就能带给对方勇气。

“这个可以麻烦你拿去影印吗？”像这样让对方有权利选择说“不”的方式，便能让对方觉得“受到尊重”，从而获得勇气。

除了用请求的口气取代命令，使用“我”为主语的请求语也很有效。这里说的以“我”为主语的口气，像是“要是能帮忙影印，就是帮了‘我’一个大忙呢！”就很好。相反，要是用“你”为主语的请求语就会给人“‘你’应该拿去影印”这种完全相反的感觉。相较于以“你”为主语的请求语给人冷漠、独断的印象，以“我”为主语的请求语则给人温暖的感觉，而且让对方有选择的余地，感受到“自己的立场与状况受到尊重”。

即便只是一个请求的方式，有可能挫伤对方的勇气，也可能带给对方勇气。

91

『你把蛋糕吃光了？太过分了！』
不能像这样生气和责备对方，
而要告诉对方：『我也好想吃呀！真是太可惜了！』

当自己想吃的蛋糕被家人吃个精光时，你是不是会当场责备对方：“你太过分了！怎么没先问我就吃掉了呢？”家人擅自吃光蛋糕固然不对，但责备对方、一味发火并不是最好的解决方式，反复做出这样的行为也会挫伤对方的勇气。

遇到这种情况时，不妨将怒火转换成带给对方勇气的表达方式，也就是前面提到的以“我”为主语的请求语。“‘你’太过分了！”这句话是以“你”为主语的，只要将这句话转换成以“我”为主语就行了。

“唉，‘我’也好想吃呀！真是太可惜了！”像这样转换成以“我”为主语的表达方式不但不会让对方受挫，还能委婉传达你的意思。

本来“生气”是一种两个阶段式的情绪，先表露第一阶段的情绪“寂寞”“懊恼”与“悲伤”，一旦无法得到对方的理解，就会转变成第二阶段的“愤怒”情绪。此时，最好不要用以“你”为主语的第二阶段的情绪“愤怒”来表达自己的意思：“你怎么没先问我就吃掉了呢？”而是要用第一阶段的情绪并以“我”为主语来表达：“唉，‘我’也好想吃呀！真是太可惜了！”这样改变说话的方式也能带给对方勇气。

92

就算觉得『还不行』，也要让对方试试看。
即使失败，也要对他说一声：『这次一定没问题。』
这一点很重要。

孩子看着父母将果汁倒入玻璃杯，一定很想自己动手试试看，但绝大多数的父母都会这么响应：“你还不行啦！会洒出来！我倒给你喝，你去帮忙做些别的事吧！”这么响应会挫伤孩子的勇气，孩子会因为这句话，觉得自己无能，因而让他放弃想要挑战倒果汁的念头。

比起让孩子丧失自信，就算果汁洒出来也没什么大不了，不是吗？应该让孩子试一试，弄脏了桌子也没关系，用抹布擦一擦就行了。孩子面对失败时，需要他人的鼓励，这时只要对他说“再试一次看看吧！这次一定没问题”，就能带给孩子勇气。

父母之于家族，管理者之于企业组织，必须常常反思自己所说的话，是让对方更有自信，还是丧失自信？也就是说，究竟是带给对方勇气，还是使对方的勇气受挫？

无法容许对方失败，便无法带给对方勇气。

93

过于溺爱，也会剥夺对方的勇气。
你要做的不是出手援助，也不是一味宠爱，
而是让他学习独立。

所有孩子从零岁起就开始构筑自己的生活型态（性格）。如果孩子每次哭闹，父母都抱起来安抚一番，久而久之，孩子就会记住“只要哭闹，就能撒娇”，或者觉得“父母宠爱我是理所当然的事”。之后，一旦不受周围人的关注，孩子就会觉得很孤单。

父母绝对不能一味地宠爱孩子，必须让孩子学会独立处理自己的事情。一直备受宠爱的孩子，一旦面临不得不独立面对问题的时候，恐怕会感受到强烈的挫折感，为什么会这样呢？这是因为孩子还没做好独立的准备。

若父母信赖孩子，相信孩子有独立的可能性，就要从孩子零岁开始，注意避免过度保护，以防造成孩子对家长的过度依赖。就算孩子哭闹不休，也要耐住性子，让他哭闹个够；或者给孩子玩具，让他练习一个人玩耍。这么做会带给孩子勇气。千万不能在孩子一开始哭闹时就抱起来安抚，这么做只会妨碍孩子学着独立，挫伤他的勇气。

所谓带给孩子勇气，就是给予孩子自行克服困难的动力，绝对不能让孩子予取予求。

94

不要一味地指责对方的错误、打破砂锅问到底，
而是提议：『这样的做法如何？』
这才是培育对方最有效的方法。

为了避免挫伤对方的勇气，因此不想指责对方的错误，但又无法视而不见，这个时候到底该怎么办才好？相信不少人都有这样的困扰吧。这时，一边给予对方建议，一边带给对方勇气的方法才是最有效的。

很多时候，建议都是从指责开始的。我们总是习惯先说："这么做不行啦！"然后才提出建议："这样做就行了啊！"问题是，第一句话往往已经伤害了对方。若是话已出口，最好立刻停止指责的行为，直接提出建议："你觉得这么做如何？"这样更能达成有效的沟通。

有一种称为"焦点解决咨询"（Solution Focused）的技巧，也就是聚焦于解决问题的方法。不是指出问题、分析原因，而是直接将焦点放在如何有效地解决问题上。比如，因为商品配送错误，遭到客户投诉时，通常我们都是从"原因在于出货时弄错了""因为山田先生不小心弄错了"等方面开始追究，但这么做只会挫伤一个人的勇气。

其实，这个时候只要省略指出问题与探究原因的步骤，直接问明："接下来该如何弥补这次的失误？"接着提出建议："这么补救，如何？"这样便能将逼问究责的行为转变成带给对方勇气的事情。

95

乐观的人，不会懊悔过往，
也不会对未来惴惴不安，
只看得到此时此刻这个『当下』。

有勇气的人都是乐观的，只有悲观的人会执着于“过去”的失败，不停地担心“未来”。有勇气的乐观之人只在乎“当下”，不会钻牛角尖想着已经发生的事，也不会对“未来”惴惴不安，只专注于“当下”能做的事。

每当我提到保持乐观心态的重要性时，就会受到不少反驳与质疑，像是：“可是这么做会失败，不是吗？一定要做好风险管理才行吧。”

有一点必须说明清楚，乐观并非单纯的乐天派。毫无根据、没有做足准备就一派天真的人并非“乐观之人”，而是“乐天之人”。乐观是指有根据、做足准备的人，而且会检视悲观，做好悲观的准备，却采取积极的行动，这就是乐观。

世界名著《幸福散论》的作者、哲学家阿兰（Alain）如此定义乐观：“悲观主义是一种心情，乐观主义是一种意志。”意即乐观主义不是天性，而是下意识努力养成的一种意志。

乐观主义就是一种意志，能为自己带来勇气。

96

就算行为有问题，
背后的动机与目的，
也一定出自于『善』。

母亲有事准备外出时，孩子吵着要同行，母亲却说："你和姐姐一起看家。"结果，孩子气得哭闹，乱丢玩具，弄破餐柜的玻璃门，母亲气得大骂孩子。

因为孩子的这种行为绝对不可取，所以无法带给他勇气？其实不然，试着去想孩子之所以哭闹的动机和目的吧。孩子的动机无非是"想和母亲在一起"，这个动机并不坏，而且出于"善"。虽然行为有问题，但动机是善的，所以我们还是可以着眼于善，带给对方勇气。

只要感受到"孩子其实是想和妈妈在一起"的心情，还是可以带给孩子勇气，对他说一声："其实妈妈也很想和你在一起。"像这样先带给孩子勇气，再和孩子沟通，教导他选择其他方法，而不是以哭闹的行为来表达自己的意思。

这种方法不仅适用于教养孩子，当下属交出不太理想的报告时，不妨先想想他的动机其实也是出于善的。这个时候，不要一味地指责报告哪里有问题，而要针对善的动机，先带给对方勇气。

因为就算行为有问题，动机也一定是出于善的。

How you feel is up to you.

如何感受，只取决于你自己。

不必背负他人的课题

关于『课题的分离』的阿德勒名言

97

你烦恼的问题，
真的是『你的问题』吗？
不妨试着冷静思考，
一旦搁置问题不管，究竟是谁会感到困扰？

阿德勒心理学中，有个提问非常重要，那就是：“是谁的课题？”以孩子不用功为例，大部分父母会斥责孩子：“用功一点！”但读书这个课题究竟是谁的课题呢？

要弄清楚“是谁的课题？”其实很简单，只要问问自己“一旦搁置问题不管，究竟是谁会感到困扰？”就明白了。成绩不理想时，受害的是孩子本身，无法考进好的学校，而且担忧将来的也是孩子自己。也就是说，用不用功读书始终是孩子的课题，不是父母的课题。

但很多父母会干涉孩子的课题，一边以“为孩子着想”为借口，一边操控孩子照着父母期望的路走，像是“再用功一点，就能就读好学校”等，满足自己的支配欲，粉饰自己在世人面前的模样。也许孩子就是因为察觉到了这一点，才拒绝被父母支配。

所有人际关系的问题，都是因为干涉别人的课题而引起的，不仅亲子之间会出现这种情形，朋友之间、上司和下属之间也是如此。我们不能干涉别人的课题，能做的就是支持。如果希望孩子用功读书，只要传达随时给予协助的心意就好，之后就是默默守护了。

98

妻子心情不好时，丈夫不必觉得是自己的责任。

无论是心情好，还是心情差，都是妻子自己的课题。

擅自背负别人的课题，只会让自己感到痛苦。

看到妻子闷闷不乐，丈夫会想办法讨她欢心，因为丈夫觉得无法让妻子幸福的自己很无能，感觉自我价值遭到了否定。

“要不要去兜风？还是陪你散步好呢？”无奈丈夫提出的各种建议，都被妻子以“不想出门”为由拒绝。结果，妻子的这种态度让丈夫感到更加焦虑，终于忍不住发了脾气：“我对你那么好，为什么你就是不明白呢?!”于是，两个人都以最糟糕的心情度过这一天。

这种情形就是丈夫在企图操控妻子的情绪与情感，换句话说，就是他在干涉妻子的课题。这么做，夫妻之间的关系肯定会出现裂痕。

难道看到妻子心情不好时，丈夫就算感到焦虑也要忍住，什么都不要说吗？这样就能解决问题吗？不，这还是没有解决问题。因为“对方如何感觉”是“对方的课题”，如果将对方的课题揽在自己身上，表示丈夫无法做到“课题的分离”。

不必觉得自己对别人的课题有责任，擅自背负别人的课题，只会让自己感到痛苦。必须明确分割自己和对方的课题。

99

如果这是『你的课题』，
就算父母反对，也没有必要依从。
这是因为不能让别人干涉自己的课题。

如果父母反对你的婚事，你该怎么办？许多人由于“不想伤了父母的心”，而陷入“不愿和深爱的他（她）分手”的痛苦中。有人勉强自己守着对于父母的承诺，选择放弃感情，也有人努力说服自己的父母。

这种事只看当事者如何做决定，没有正确答案可言。但若对照人际关系的基本原则“课题的分离”来思考，可以得出以下的对应方式。

“虽然得不到父母的赞同确实很可惜，但我想和自己选择的人结婚。”只要这么宣布就行了。当然，也有人会犹豫不决：“可是这么做会伤了父母的心……”然而，父母因为孩子的婚姻而伤心，这是“父母的课题”，不是你的课题。

不要干涉“父母的课题”，也不要让父母干涉“自己的课题”，你该做的是面带微笑，清楚对他们说“不”。

此时的你不可以责备父母，更不能做出任何暴力的行为。当然也不能强迫父母当下认同你的决定。因为无论赞成还是反对都是父母的课题，不是你的课题。

100

纵使被说坏话、被讨厌，
也没什么好在意的，
因为『对方如何看待你』，
那是对方的课题。

“我是我，你是你。我为我而生，你为你而生。我不是为了满足你的期待而出生，然而，你也不是为了满足我的期待而出生。你是你，我是我。二人若能相爱，一切是美妙的。若不能相爱，这也是命中注定的事。”——弗雷德里克·珀尔斯（Frederick S. Perls）

“神啊！请赐给我一颗平静的心，去接受我不能改变的事；请赐给我勇气，去改变我能改变的事；请赐给我智慧，让我懂得去分辨它们。”——莱因霍尔德·尼布尔（Reinhold Niebuhr）。

我们无法操控别人的情感与行动，因为无法做什么而感到痛苦。不要干涉别人的课题，也不让别人干涉自己的课题。

对方如何评价你，是对方的课题。纵使被说坏话，也不见得是你的错。只要相信自己是对的就行了。在意别人的看法，只会让自己痛苦，做到“课题的分离”才是上策。

当你学会“课题的分离”，就是迈向幸福人生的第一步。你的心变得轻盈，人际关系也会有显著的改善，这就是让人生反转的瞬间。

后记

遇见阿德勒之前的我，就像在迷雾中摸索，总是没自信，迷惘不已。

虽然三十岁就当上课长（部门主管），但一直不晓得如何带领下属和整合团队，结果忧郁症上身。我时常摸索着“怎么当个称职的上司”“人究竟该如何活着”这些问题。

对这样的我而言，阿德勒犹如一盏照亮黑夜的明灯，是隧道彼端的希望之光。因为遇见阿德勒，让我明白“其实人生一点也不复杂，非常单纯”，瞬间感到豁然开朗。

现在的我不再怨天尤人，不再自私地觉得自己好就好。我遵循阿德勒的教导，一步步贡献自我，提升共同体感觉，借由给自己带来勇气，成功走出黑暗深长的隧道。

本书罗列了许多有助于日常生活的思考方式与行为方式，也分别就工作的课题、交友的课题、爱的课题，给大家一些启发，愿其能成为照亮大家的明灯。

最后，请容我列述感谢之情。

感谢协助不是心理学家，只是身为一介心理咨询师而且才疏学浅的我的各位，特别是帮忙梳理本书内容的恩师、阿德勒心理学研究专家，也是监修本书的日本Human Guild的社长岩井俊宪先生，在此致上最深的谢意。

在此，还要特别感谢执笔——翻译多本关于阿德勒心理学著作的岸见一郎先生，以及为推广阿德勒心理学不遗余力的先驱野田俊作先生。诸位前辈的著作给我提供了丰富的参考内容，再次向前辈的功绩与辛劳，致上最深的敬意与感谢。

小仓广

一切取决于自己。

只要改变观点，世界就会骤然改变。

图书在版编目（CIP）数据

接受不完美的勇气 /（日）小仓广著；杨明绮译.
—长沙：湖南文艺出版社，2015.9
ISBN 978-7-5404-7298-6

Ⅰ.①接… Ⅱ.①小… ②杨… Ⅲ.个性心理学—通俗读物
Ⅳ.①B848-49

中国版本图书馆CIP数据核字（2015）第204846号

著作权合同登记号：18-2015-101

上架建议：心灵成长◎励志

ALFRED ADLER JINSEI NI KAKUMEI GA OKIRU 100 NO KOTOBA
by HIROSHI OGURA

Original Japanese language edition published by Diamond, Inc.
Chinese (in simplified character only) translation rights arranged with Diamond, Inc. through BARDON-CHINESE MEDIA AGENCY.
本书中译文由台湾远流出版公司授权。

接受不完美的勇气

著　　者：［日］小仓广
译　　者：杨明绮
出 版 人：刘清华
责任编辑：薛　健　刘诗哲
监　　制：蔡明菲　潘　良
策划编辑：李彩萍
装帧设计：张丽娜
版权支持：辛　艳　张　婧
营销编辑：李　群
出版发行：湖南文艺出版社
（长沙市雨花区东二环一段508号　邮编：410014）
网　　址：www.hnwy.net
印　　刷：北京鹏润伟业印刷有限公司
经　　销：新华书店
开　　本：880mm × 1230mm　1/32
字　　数：160千字
印　　张：7.5
版　　次：2015年9月第1版
印　　次：2015年9月第1次印刷
书　　号：ISBN 978-7-5404-7298-6
定　　价：36.00元

质量监督电话：010-59096394
团购电话：010-59320018